KAUKO LUUKKONEN

SINÄ OLET TIETOISUUS

Valmistaja: BoD – Books on Demand, Helsinki, Suomi

Julkaisija: BoD – Books on Demand, Norderstedt, Saksa

ISBN: 978-952-80-2135-3

SISÄLLYSLUETTELO

1. SINÄ OLET TIETOISUUS

Useimmat ihmiset samaistuvat kehoonsa ja ajattelevat, että se on kaikki mitä he ovat. Aivot ohjaavat kehoa. Aivoissa tapahtuu kaikki ajattelu ja ohjaus, mitä ihmisen elämä tarvitsee. Ihminen on yhtä kuin keho. Kehon ulkopuolella ei ole mitään. Ihminen on erillinen toisesta ihmisestä. Jumala on epämääräinen voima jossain ihmisen tavoittamattomissa. Ja niin edelleen.

Totuus on kuitenkin se, että sinä olet moniulotteinen tietoisuus. Olet olemassa tässä meidän maapallomme kolmannessa ulottuvuudessa, mutta olet samaan aikaan olemassa usealla muullakin ulottuvuuden tasolla. Olet itse asiassa tietoisuus, joka on luonut itselleen kehon voidakseen elää ja kokea asioita tässä todellisuudessa. Tietoisuus on energiakenttä, joka on kiinteästi yhteydessä sen korkeampiin kerroksiin eli korkeampiin tietoisuuksiin. Kaikki tietoisuudet ovat erottamattomasti yhteydessä kaikkein korkeimpaan tietoisuuteen eli Alkulähteeseen. Niin myös sinun tietoisuutesi. Näin ollen et ole erossa Alkulähteestä (tai Jumalasta, jos niin haluat), vaan olet erottamaton osa sitä.

Tietoisuutesi ei tarvitse kehoa, mutta keho tarvitsee tietoisuuden voidakseen toimia. Tietoisuus ohjaa aivoja. Aivot eivät ole tietoisuus. Tietoisuutesi on energiakenttä, joka värähtelee tietyllä taajuudella, sitä korkeammalla taajuudella, mitä laajempi se on. Sinun tietoisuutesi on erittäin

pieni ja rajoittunut verrattuna korkeamman tason tietoi-
suuksiin.

Olet siis tietoisuus, joka on yhteydessä korkeammalla vä-
rähtelytasolla sijaitseviin tietoisuuksiin, jotka ovat osa si-
nua. Olet olemassa monella tasolla yhtä aikaa. Käsite
"Korkeampi Itse" on se tietoisuus, joka ohjaa sinua tässä-
kin todellisuudessa, jos haluat kuunnella sitä. Täällä kol-
mannessa ulottuvuudessa meillä on hyvin vaikeaa ym-
märtää olevamme osa suurempaa kokonaisuutta, koska
olemme sulkeutuneet sellaisen energiakentän sisälle, joka
vaikeuttaa meitä olemasta yhteydessä korkeampiin tietoi-
suuksiin, esimerkiksi "Korkeampaan Itseemme". Sen takia
todellista olemustamme on lähes mahdotonta tunnistaa
tästä meidän näkökulmastamme ja vielä vähemmän to-
distaa aukottomasti, että sellainen on olemassa.

Haluan korostaa, että tietoisuuteen perustuva maailman-
katsomus ei ole uskonnollinen näkemys. Se ei perustu
minkään uskonnon dogmeihin. Se ei ole riippuvainen
mistään uskonnosta. Maailmankaikkeuden lainalaisuuk-
sien mukaan jokaisella on oma totuutensa. Koska jokai-
sella on vapaa tahto, on jokaisella myös oikeus omaan to-
tuuteensa. Toisen totuutta ei saa tukahduttaa, eli toiselta
ei saa ottaa pois hänen oikeuttaan valita.

Tämä kirja tarjoaa sinulle enemmän tietoa tietoisuudesta
ja sen monimuotoisesta olemassaolon muodoista. Jos pys-
tyt tarkastelemaan näitä kysymyksiä siten, että sinulla on
"skeptinen, mutta avoin mieli", saatat alkaa ymmärtää

asiaa toisesta, laajemmasta näkökulmasta. Se tulee muuttamaan koko elämäsi täydellisesti.

2. KIRJOITTAJAN SANAT

Valaistuminen tai oivaltaminen on hyvin henkilökohtainen kokemus. Jokainen ihminen kokee sen omalla, ainutlaatuisella tavallaan. Ei ole kahta samanlaista tapaa kokea valaistumista.

Valaistumisella tarkoitan polkua kohti sitä "tapahtumaa", joka perinteisen uskomuksen mukaan tapahtuu silloin, kun ihminen kuolee. Keho kuolee, mutta "henki" jatkaa elämäänsä jossain päin henkimaailmaa. Meidän kielessämme ei ole sellaista sanaa tai termiä, joka pystyisi yksiselitteisesti kuvaamaan, mitä valaistuminen tai oivaltaminen tarkoittaa. Siitä johtuu, että uskontojen ja uskomusjärjestelmien puolestapuhujat tarjoavat omia tulkintojaan asiasta. Yksittäisen ihmisen on lähes mahdotonta löytää se "oikea" tapa valaistua. Jokaiselle ihmiselle sen oma tapa on oikea tapa. Ihminen tunnistaa sen aina, kun se alkaa tapahtua.

Tietoisuuden näkökulmasta katsottuna valaistuminen tai oivaltaminen tarkoittaa tietoisuuden laajentumista siten, että se tulee tietoiseksi omasta olemassaolostaan. Toisin sanoen meidän jokaisen pieni tietoisuus alkaa muistaa tai oivaltaa, kuka se oikeasti on. Se on oikeasti moniulotteinen tietoisuus, osa Alkulähdettä, joka on lähettänyt osan itsestään tähän todellisuuteen kokeakseen ihmisenä olemisen erilaisia muotoja.

Koko oivaltamisen prosessi on tietoisuuden näkökulmasta täysin luonnollinen prosessi. Ihminen ei ole vastuussa oivaltamisen syntymisestä tai valaistuksi tulemisesta. Tietoisuus huolehtii siitä aivan itse. Ihmisen tehtävänä on poistaa kaikki esteet tämän luonnollisen prosessin toteutumiselta. Ihmisen on "sallittava" sen tapahtua. Oivaltamista kuvataan myös irti päästämisen prosessiksi.

Tämän kirjan kirjoittamishetkellä (huhtikuu 2020) olen keskellä valaistumisen tai oivaltamisen polkua. Minä tiedän, että tulen tämän elämäni aikana "muistamaan" kuka oikeasti olen. Muistamaan sen, että olen moniulotteinen tietoisuus. Minun osaltani asia on enemmänkin "antitapahtuma" tai "ei-tapahtuma", koska siihen ei liity mitään dramatiikkaa tai torvien soittoa. Minulle vain tulee hiljaisia oivalluksia, jotka tuntuvat itsestään selvyyksiltä. Vähitellen tieto ja viisaus koko olemassaolosta ja elämän tarkoituksesta alkaa palata tietoisuuteen, josta se on tilapäisesti unohtunut.

Olen kysynyt, miksi oivaltaminen tapahtuu juuri nyt? Todennäköisesti siksi, että me kaikki olemme tilanteessa, jossa jokaiselle tarjotaan mahdollisuus oivaltamiseen. Poikkeuksellista tässä ajassa on se, että tällä kertaa valaistumisen tai oivaltamisen toteutumiseen ei tarvita kuolemaa. Me otamme kehomme mukaan laajentuneeseen tietoisuuden tilaan. Tätä ei ole ikinä tapahtunut ihmiskunnan historiassa.

Tämän kirjan kirjoittamishetkellä sen hetkinen ymmärrykseni on kuvattu tässä kirjassa. Jos kirjoittaisin toisen painoksen tästä kirjasta, vaikka vuotta myöhemmin, ymmärrykseni olisi todennäköisesti kehittynyt niin paljon, että kirjan sisältö olisi erilainen. Mutta en voi odottaa täydellistä ymmärrystä loputtomasti.

Tämän kirjan tarkoituksena on kuvata todellisen olemassaolon osatekijöitä, toisaalta muistaen sen, ettei mitään voi todistaa. Kirja on yksi näkökulma muiden joukossa, koska jokaisella tietoisuudella (ihmisellä) on oma näkökulmansa. Sen takia mikään ei ole väärin, mutta toisaalta pelkästään yksi näkökulma ei voi olla ainoa oikea. Tästä todellisuudesta käsin ei ole mahdollista muodostaa aukotonta ja absoluuttisen oikeaa käsitystä kaikesta ylempien tietoisuuksien kokemista todellisuuksista.

Tässä kirjassa tarjottava tieto perustuu yleisesti saatavilla oleviin tietolähteisiin. Tietoa ei ole tarjolla tieteellisessä ja tämän maailman hyväksymässä muodossa, vaan kaikki oleellinen tieto on tuotettu joko kanavointikonseptin avulla tai sellaisten korkeammalla tietoisuuden tasoilla toimivien ihmisten viesteillä, jotka asuvat maan päällä. Kanavoinnissa korkeammalla tietoisuuden tasolla oleva tietoisuus käyttää jonkin ihmisen tietoisuutta hyväkseen siten, että se viestittää ihmisen kautta ja ihmisen puheena viestit tämän maailman ihmisille.

Koska aihealue on sellainen, jota nyky-yhteiskunta ja siinä vallalla olevat uskomusjärjestelmät eikä tiedekään perinteisessä muodossaan hyväksy, sitä tullaan vastustamaan varmasti monin tavoin.

Materiaalia näistä aiheista on runsaasti tarjolla englanninkielisenä, mutta hyvin vähän suomen kielellä. Juuri sen takia haluan tuoda tätä tietoa suomalaisten ihmisten käytettäväksi.

Me kaikki täällä maan päällä olemme suuren henkisen muutoksen äärellä, vaikka tämä onkin suurelle yleisölle pääosin tuntematon asia ja niillekin, jotka siitä ovat kenties jotain kuulleet, se on vaikeasti hahmotettavissa ja poikkeaa täysin perinteisestä tavasta ymmärtää elämäämme ja todellisuuttamme.

Terveisin

Kauko Luukkonen

3. MIKÄ ON TIETOISUUS?

Tietoisuuden ymmärtäminen on sangen haasteellista. Tiede ei ole pystynyt näyttämään toteen, mitä tai missä tietoisuus sijaitsee tai mitä se tekee. Lähdemme purkamaan aihetta käänteisesti. **Alla olevassa listauksessa on kuvattu siis sitä, mitä tietoisuus _ei_ ole.**

Tietoisuus ei ole aivotoimintaa tai aivojen aikaan saamaa toimintaa. Tämä on osoittautunut tieteen näkökulmasta asiaa tarkasteleville lähes mahdottomaksi ymmärtää.

Tietoisuus ei ole ihmisen rationaalinen järki, ihmisen tieto tai tietämys tai ihmisen älykkyys tai älyllinen kapasiteetti.

Tietoisuus ei ole mikään ilmiö, joka syntyy aivojen sähköisten synapsien ja hermoratojen toiminnan perusteella.

Tietoisuus ei ole biologinen ilmiö tai biologisesti tarkasteltava ihmisen osa.

Tietoisuus ei ole pelkästään ihmiseen elämään liittyvä ilmiö.

Tietoisuus ei ole millään tavalla riippuvainen ihmisen elämästä.

Tietoisuus ei ole havaintokykyä tai henkilökohtainen kokemus.

Ihmisellä ei ole tietoisuutta.

Tietoisuus ei ole sidoksissa meidän maailmamme aika-paikka -käsitykseen.

Tietoisuus ei ole mikään "asia".

Alla olevassa listassa on esitetty ominaisuuksia, joita tietoisuudella on:

Tietoisuus on olemassa, mutta se ei ole "mitään". Tietoisuudessa ei lähtökohtaisesti ole sisältöä. Tietoisuuden tehtävänä on olla täysin tyhjä.

Tietoisuus on olemassaolo. Tietoisuus on kaiken olemassaolon perusta.

Tietoisuuden perusilmentymä on ehdoton rakkaus.

Perimmäinen tietoisuus eli Alkulähde on luonut itsestään äärettömän määrän tietoisuuksia. Yhdessä nämä muodostavat yhdistyneen tietoisuuden. Johtopäätös on, että on olemassa vain yksi tietoisuus, Alkulähteen tietoisuus, jonka sisällä kaikki tapahtuu.

Kaikki, mitä maailmankaikkeudessa tapahtuu, tapahtuu tietoisuuden sisällä. Tietoisuuden ulkopuolella ei ole mitään.

Tietoisuus on ikuinen ja ilmentää itseään erilaisina ilmentyminä (myös olentoina), esim. ihmisenä.

Se, mitä maailmankaikkeudessa tapahtuu, perustuu siihen, että tietoisuudella on kokemus jostakin. Tietoisuus saa kokemuksen luomalla itselleen todellisuuden, jossa kokemuksen voi kokea.

Meidän maailmaamme sovellettuna voidaan sanoa, että yksi tietoisuus on luonut itselleen kehon, jonka avulla se kerää kolmiulotteisen todellisuuden kokemuksia. Tietoisuus ja keho ovat siis eri asioita. Tietoisuus on luonut kehon, keho ei voi luoda tietoisuutta.

Ilman tietoisuutta ei ole elämää. Tietoisuus luo kaiken näkyvän ja konkreettisen.

olen ja mitä minä teen täällä. Tietoisuus kuitenkin sisältää energiakentän, joka estää tehokkaasti tätä kolmannen tiheyden tietoisuutta pääsemästä kiinni korkeampien tietoisuuksien viisauteen, joka voisi antaa vastauksia kysymyksiin. Tässä tietoisuudessa vallitsee käsitys ajasta ja paikasta, ns. lineaarinen aikakäsitys, jota ei ilmene muissa tietoisuuksissa. Tietoisuuteen muodostuu vastakkainasettelua ylläpitävät polariteetit. Sen takia tätä kuvataan kaksinaisuudeksi eli dualismiksi. Aina on ikään kuin olemassa vastakkaiset näkemykset, kuten hyvä-paha, pieni-suuri, oikea-väärä jne., jotka ovat koko ajan läsnä. Tämä johtaa kolmannen tiheyden tärkeimpään ominaisuuteen eli valinnan mahdollisuuteen. Periaatteessa valinta tehdään aina polariteettien välillä. Tietoisuuden keskeinen toimija on ego. Egon ajatusjärjestelmän tarkoituksena on suojella kehoa. Suojelemalla kehoa ego ylläpitää erillisyyttä ja yksilöllisyyttä. Yksilöllisyys, ego, polariteetit ja valinnanvapaus johtavat sisäisiin ristiriitoihin, jotka ilmenevät yksilön suhteessa toisiinsa ja ympäristöönsä. Viime kädessä valintaa tehdään sen välillä, haluaako yksilö palvella itseään vai palvella muita. Tätä tietoisuuden tasoa sanotaan usein erillisyydeksi, nimenomaan yksilöllisyyden vaatimusten takia ja toisaalta siksi, että yhteyttä korkeampiin tietoisuuksiin ei ole helposti käytettävissä, jotta tieto oikeasta olemassaolon luonteesta lisääntyisi. Toisaalta voidaan myös todeta, että tämä on viimeinen tietoisuuden taso, jossa voi kokea kärsimystä ja pelkoa.

Tietoisuuden perusominaisuus on kyky luoda eli ilmentää itseään. Kolmannen tiheyden tietoisuus on luonut itselleen kehon, jonka kautta se ilmentää itseään ja vuorovaikuttaa muiden vastaavien kehojen kanssa. Kaikki muukin toiminta tapahtuu tietoisuuden tekemän luomisprosessin kautta. Kuten aikaisemmin todettiin, tietoisuus luo oman todellisuutensa. Koska kolmannen tiheyden tietoisuudessa vallitsee lineaarinen aikakäsitys, se merkitsee sitä, että tietoisuuden luoma ilmentymä manifestoituu (tulee näkyväksi) vasta myöhemmin. Varsinaisen luomisen tapahtuman ja näkyväksi tulemisen väli on usein niin pitkä, ettei tätä syy-seuraus -suhdetta kunnolla pystytä havaitsemaan ja ymmärtämään.

On hyvä huomata, että ensimmäisen, toisen ja kolmannen tiheyden tietoisuudet näyttävät toimivan samassa todellisuudessa. Mehän voimme nähdä ilman, tulen, veden, kasvit ja eläimet sekä toimia niiden kanssa yhdessä. Me siis pystymme havainnoimaan alemmat tietoisuuden tasot. Mutta nuo alemman tietoisuuden ilmentymät eivät ymmärrä kolmannen tiheyden tietoisuutta. Sama koskee tietysti myös tilannetta kolmannesta tiheydestä ylöspäin, me emme siis havaitse neljättä tiheyttä, mutta neljännen tiheyden ilmentymät voivat havaita meidät.

Seuraava tietoisuuden taso, neljännen tiheyden tietoisuus, on hyvin erilainen kuin kolmannen tiheyden tietoisuus. Ihmiskunta on siirtymässä juuri tuolle neljännen tiheyden tasolle. Tätä tasoa voisi kuvata rakkauden ja ymmärtämisen tasoksi. Tällä tasolla ei erillisyyttä enää ole. Tuo kolmannen tiheyden tietoisuudessa vallinnut energiakenttä, joka on estänyt yhteyden tähän tasolle, on poistunut. Tälle tasolle noussut tietoisuus tietää olevansa yhtä kaiken olemassa olevan kanssa. Yhtä Alkulähteen kanssa.

Kaikki on yhtä. Tietoisuus ymmärtää kuoleman käsitteen oikealla tavalla. Tietoisuudella ei ole enää tarvetta inkarnoitua (syntyä uudelleen) kolmannen tiheyden tietoisuuteen. Aikakäsitys muuttuu siten, että kaikki tapahtuu nythetkessä. Ei ole tarvetta tietää, mitä tapahtuu tulevaisuudessa. Muistot alkavat hävitä. Menneisyyttä, nyt-hetkeä ja tulevaisuutta voidaan tarkastella samanaikaisesti. Kaikki tapahtumat soljuvat itsestään eteenpäin. Enää ei ole tarvetta yrittää ohjata tapahtumien kulkua. Luomistyö nopeutuu, toisin sanoen tietoisuuden keskittynyt ajatus toteutuu lähes välittömästi. Vaikkakin tietoisuudet ovatkin vielä tässä vaiheessa erillisiä, toisistaan erotettavia, ne alkavat kuitenkin vähitellen muodostaa tietoisuusryhmiä (näistä on myös käytetty ilmausta 'sieluryhmiä'). Ryhmässä oleva yksittäinen tietoisuus ei menetä mitään omasta tietoisuudestaan, sen sijaan saa käyttöönsä kaikki ryhmän muiden jäsenien kokemukset sellaisina, kuin se olisi ne itse kokenut. Neljännen tiheyden tietoisuudessa on tyypillistä toisten palveleminen, jopa liiallisuuksiin saakka.

Viidennen tiheyden tietoisuutta voisi kuvata valon ja viisauden tasoksi. Tietoisuus ilmenee yhä enemmän valon muodossa. Fyysinen ilmentyminen on yhä vähäisempää. Toki manifestoituminen tapahtuu välittömästi tarvittaessa. Tällä tasolla viisaus karttuu mm. siinä mielessä, että neljännen tiheyden tyypillinen toisten palveleminen asettuu oikeisiin mittasuhteisiin, toisin sanoen tietoisuus osaa paremmin päättää, milloin on hyvä auttaa tai palvella ja milloin ei. Ymmärrys siitä, että itsensä palveleminen eli huomioiminen on tärkeää, eikä sitä voida uhrata vain toisten palvelemiseen. Itsensä palvelemista ei pidä sekoittaa kolmannen tiheyden egon ajatusmaailmaan. Viidennen tiheyden tietoisuus on taas hyvin erilainen kuin neljännen tiheyden tietoisuus.

Kuudennen tiheyden tietoisuutta voisi kuvata yhdistymisen ja tasapainon tasoksi. Tällä tasolla tietoisuus toimii tietoisuusryhmissä. Tietoisuus alkaa vähitellen siirtyä osaksi yhdistettyä tietoisuutta eli Alkulähdettä. Se kuitenkin ikään kuin jättää "kopion" itsestään alempien tietoisuuden tasojen käyttöön. Jokaisella tietoisuuden tasolla 1-5 olevalla tietoisuudella on ns. korkeampi tietoisuus tai Korkeampi Itse, joka on juuri se side Alkulähteeseen, joka kaikilla tietoisuuksilla on. Tuo Korkeampi Itse sijaitsee kuudennen tiheyden tasolla. Mikäli haluat pyytää "henkimaailman ohjausta", juuri Korkeampi Itsesi ohjaa sinua. Saat siis apua Itseltäsi. Voidaan sanoa, että Korkeampi Itsesi on täydellisempi versio sinusta n. 200 vuotta tulevaisuudessa.

Seitsemännen tiheyden tietoisuus on maailmankaikkeuden viimeinen tietoisuuden taso, jossa voi olla yksilöllisyyttä. Siinä tietoisuus on miltei kokonaan siirtynyt osaksi Alkulähdettä. Mitään yksilöllisiä muistikuvia ei enää ole, mutta koska Alkulähteessä on kaikki tieto, tällä ei ole juuri väliä. Voidaan sanoa, että seitsemännestä tiheydestä tietoisuudella on mahdollisuus siirtyä johonkin toiseen universumiin, jonka tietoisuudet voivat olla jotain täydellisen erilaista verrattuna tähän meidän maailmankaikkeuteemme. Kun tarpeeksi kauan tutkii yhtä kohdetta, haluaa varmasti vaihtelua, jota tarjoaa muut universumit.

6. MAAILMANKAIKKEUDEN TIETOISUU-DEN MONITASOINEN RAKENNE

Tietoisuutemme on osa maailmankaikkeuden tietoisuu-den monitasoista yhdistynyttä rakennetta. Alkulähteen tietoisuus loi omasta itsestään monia tietoisuuksia jakau-tumisprosessin avulla. Se jakoi tietoisuuttaan moneen tie-toisuuden olemukseen, joilla kaikilla oli oma paikallinen muistinsa, luoden siten yksilöityjä tietoisuutensa säikeitä. Itse asiassa itsejä. Osiin jakamisen pääasiallinen meka-nismi on värähtelytaajuuden madaltaminen vähentämällä joidenkin sen oman energian osien värähtelytaajuutta. Al-kulähde loi tietoisuutensa sisälle selkeästi erottuvia alu-eita. Värähtelytaajuuksien erottelu on eräs syy siihen, miksi lapsisolut (jakautumalla luodut tietoisuudet) näyt-tävät erilaisilta ja erillisiltä emosoluihinsa (tietoisuudet, jotka suorittivat jakaantumisen) verrattuna ja siksi se on avain maailmankaikkeuden kehittymisen prosessin ym-märtämiseen. Tietoisuuden kyky jakautua on yleinen ominaisuus jokaiselle tietoisuuden säikeelle. Jokainen luotu tietoisuus, riippumatta sen tasosta, voi vuorostaan jakautua ja tulla emoksi monelle alemmalle tietoisuudelle. Tätä itsensä jakautumisen prosessia on toistettu monta kertaa ja näin luotu syvälle ulottuva emo-lapsi -sukupuu, jossa on valtava määrä lapsisolujen muodostamia oksas-toja, jotka kaikki ovat Alkulähteen sisällä. Alemmista tie-toisuuksista muodostuvan emon voidaan ajatella olevan niiden Korkeampi Itse ja sitä voidaan myös ajatella näi-den yhdistettynä Itsenä. Koska kaikki emon alemmat tietoisuudet ovat oikeastaan vain emoitsen ilmentymiä tai osia, emoitse on viime kädessä kaikkien alempien tietoisuuksien kaikkien kokemuksien ja ymmärrysten summa. On hyvä muistaa, että alempi tietoisuus on vain emon alemmalla värähtelytaajuuden tasolla toimiva tietoisen energian muoto. Alemman tietoisuuden energiamuoto on emon energiamuodon heijastuma. Toisin sanoen, alemman tietoisuuden energiamuodon sisällä sijaitsee emon korkeamman värähtelytaajuuden energiamuodot. Joten kaikki tämän tietoisuuden, joka me siis olemme, korkeammat tietoisuuden tasot ovat sisällämme ja olemme niiden sisällä, koska kaikki energiamuodot heijastavat vain toinen toisiaan eri värähtelytaajuuksien tasoilla. Tietoisuuden monitasoisesti jaettu rakenne edustaa massiivista rinnakkaista kehittymisen strategiaa, jonka avulla Alkulähteen tietoisuus laajenee. Alkulähde on alempien tietoisuuksien muodostamassa massiivisessa puurakenteessa olevien kaikkien kokemusten ja ymmärrysten summa. Viime kädessä jokainen tietoisuus, jokainen henkiolento on osa ykseyttä, joka on Alkulähteen tietoisuus. Ja se laajentaa ymmärrystään itsestään ja olemassaolon luonteestaan kaikkien meidän kokemustemme avulla. Tietoisuuden tekemä matka, joka on se perustavaa laatua oleva liikevoima, joka vie eteenpäin kaikkia tietoisuuksia, kaikkia olentoja tietoisuuden puussa, on halu kehittyä henkisesti ja saavuttaa yhteenliittyminen Alkulähteen kanssa.

Periaate:

Luomisprosessi	Alkulähde luo itsenäisiä tietoi-suuksia, jotka luovat edelleen tietoisuuksia alemmille tasoille, aina 1D-tietoisuuteen saakka. Tietoisuus siis "kutistuu" tulles-saan alaspäin.
Laajenemisprosessi	Suoritettuaan matkansa alem-milla tasoilla tietoisuudet palaa-vat takaisin Alkulähteeseen. Tie-toisuus siis laajenee takaisin al-kuperäiseen kokoonsa.

ALKULÄHDE JA KORKEIN TIETOISUUS

Totuus on Rakkaus. Rakkaus on Totuus. Alkulähde on Totuus. Alkulähde on Rakkaus. Alkulähde on Yhdistynyt Tietoisuus. Yhdistynyt Tietoisuus on Rakkaus.

Edellä kuvatut lausumat kuvaavat oikeastaan yhtä ai-noata totuutta, mihin kaikki olemassaolo perustuu. Alku-lähde voidaan ymmärtää samana käsitteenä, josta eri us-komusjärjestelmät käyttävät nimitystä Jumala. Jumala ei siis ole inhimillistetty "rakastava isä" istumassa pilven päällä, vaan kaikkein korkein tietoisuuden taso, kaiken käsityskyvyn ulkopuolella. Käytämme siitä puolueetonta nimitystä Alkulähde. Alkulähde sijaitsee todellisuudessa, jossa on vain ehdotonta Rakkautta. Totuus on siis sitä, että kaikki on lähtöisin Rakkaudesta. Alkulähde on luo-nut itsestään itsenäisiä osia eli tietoisuuksia, joissa kai-kissa on sisällä tuo Alkulähteen voima ja Rakkaus. Kaikki

27

tietoisuudet ovat siis osa Alkulähdettä ja siten osa ehdotonta Rakkautta. Myös ihmisen tietoisuus on osa tuota samaa Alkulähdettä ja Rakkautta, vaikka me emme täällä sitä juurikaan pysty kokemaan. Olemme ikään kuin unohtaneet Rakkauden läsnäolon. Nyt tehtävämme on "löytää taas itsemme", jonka olemme "unohtaneet", kun tulimme tähän todellisuuteen.

Päästääksemme taas kiinni tuohon Rakkauteen, meidän on täällä kolmannessa ulottuvuudessa, fyysisessä keholllisessa todellisuudessa, raivattava kaikki esteet Rakkauden tieltä. Rakkaus ilmenee tilassa, jossa ei ole lainkaan pelkoa. Nythän meidän kaikkien tietoisuudessa on enemmän tai vähemmän pelosta peräisin olevia ajatuksia ja tunteita. Tehtävämme täällä on päästää irti kaikesta, mikä estää Rakkautta siirtymästä tietoisuutemme sisälle. Prosessia voidaan kutsua irti päästämisen prosessiksi. On uskallettava luopua kaikesta, mikä pitää meitä kiinni tässä alhaisessa todellisuudessa.

Alkulähde toimii omassa tietoisuudessaan ja todellisuudessaan. Tälle jumalaiselle todellisuudelle on ominaista kaksi asiaa: ensinnäkin tämä todellisuus on Rakkaus, siis rakkaus isolla R:llä. Tämä suuri Rakkaus on täysin ehdotonta, aivan kaiken hyväksyvää Rakkautta, joka on kaikkien olentojen sisimmässä. Tätä suurenmoista Rakkautta ei voi mitenkään verrata tämän maailman rakkauteen, joka on häilyväistä ja ehdollistettua. Alkulähde on Rakkaus. Me kaikki olemme lähtöisin tuosta Rakkaudesta. Todellisuuden toinen perusominaisuus on se, että kaikki meitä ihmisiä korkeammalla tietoisuuden tasolla asuvat tietävät absoluuttisen varmasti olevansa yhtä toistensa ja Alkulähteen kanssa. Yhteenkuuluvaisuuden tunne on suunnaton. Tuota tilaa kutsutaan myös nimellä Yhdistynyt Tietoisuus. Yhdistynyt Tietoisuus on yhtä kuin Rakkaus. Tuossa todellisuudessa syntyy Alkulähteen ajatukset, jotka luovat alkuperän kaikelle, mitä luomakunnassa voi olla. Alkulähteen ajattelemien ajatusten seurauksena syntyy uusia Alkulähteen osia tai tietoisuuksia, joilla on omat luomiskykynsä. Ne eivät koskaan irtaudu siteestään Alkulähteeseen.

Tietoisuuden syntyä voitaisiin tarkastella esimerkiksi "ylisielun" tai itsemme "kaikkein täydellisimmän version" näkökulmasta. Olemassaolon peruslogiikan mukaisesti tämän esimerkin ylisielu on siis pohjimmiltaan yksi Alkulähteen ajatus. Ylisielu on tietoisuus, jolla on mahtavat Alkulähteestä saadut luomisvoimat. Se voi luoda rajattomasti mitä vaan, ilman rajoitteita. Ylisielu on jatkanut luomistyötä, sillä on lukemattomia luomuksia ympäri maailmankaikkeutta, mitä ihmeellisimmissä todellisuuksissa. Joka ikinen noista luoduista ilmentymistä on osa tuota ylisielua. Koska luomukset ovat lähteneet ylisielun ajatuksista, ne tulevat aina olemaan osa sitä. Koska ylisielu taas on luotu Alkulähteen ajatusten seurauksena, se on osa Alkulähdettä. Koska ylisielun omat ajatukset ovat osa Alkulähdettä, ovat kaikki, mitä se on ajatuksillaan luonut, myös osa Alkulähdettä. Ja edelleen, ylisielun ilmentymien (tietoisuuksien) ajatusten seurauksena syntyvät uudet tietoisuudet ovat myös osa tuota Alkulähdettä.

Eräs olemassaolon perustotuus on, että ajatuksia ei voi koskaan erottaa siitä, mistä ne ovat syntyneet. Meidän todellisuudessamme tietoisuuteen syntyy ajatuksia kahdesta lähteestä: egon ajatusjärjestelmästä ja Korkeammalta Itseltä. Egon luomien ajatusten syntypaikka on siis ego. On välttämätöntä pystyä erottamaan, mikä ajatus on lähtöisin egon ajatusjärjestelmästä ja mikä on korkeamman tietoisuuden sinulle lähettämä ajatus. Egosta lähtöisin olevat ajatukset eivät ikinä tiedä tai ole tietoisia korkeammasta tietoisuudesta, koska ne toimivat pelkästään tässä kolmannen ulottuvuuden tietoisuudessa. Koska korkeamman tietoisuuden jokaisen ajatuksen seurauksena syntynyt tietoisuus on osa Alkulähdettä, se tarkoittaa, että kaikki näin luodut tietoisuudet ovat erottamattomasti yhteydessä toisiinsa. Kaikki tietävät olevansa yhtä ja tämä on koko luomakunnan keskeinen perustotuus. Edelleen voidaan todeta, että jokaisessa tietoisuudessa on sisällä koko maailmankaikkeus. Jos kuvitellaan, että voitaisiin katsoa jotain tietoisuutta ikään kuin sen sisälle niin pitkälle kuin mahdollista, lopulta tulisi vastaan se ajatus, mistä se on luotu ja tuo ajatus on peräisin Alkulähteestä. Vaikka tuo tietoisuus olisi miten pitkän luomisketjun päässä tahansa, silti sekin on peräisin Alkulähteen ajatuksesta ja on myös erottamaton osa Alkulähdettä. Maailmassa ei ole yhtään asiaa, olentoa, kasvia, eläintä tai mitään muutakaan, joka ei olisi tämän saman luomistyön tulosta.

TIETOISUUS ON ENERGIAA

Vaikka tarkkaan ottaen ihmisellä ei ole tietoisuutta, vaan tietoisuus kiinnittyy haluamaansa kehoon, on kuitenkin helpompi puhua ihmisen tietoisuudesta, kun puhumme asioista tämän maailman näkökulmasta. Me elämme kolmiulotteisen tietoisuuden maailmassa, josta käytetään usein lyhennettä 3D. Tämä kolmiulotteisuus siis määrittää, mitä asioita tässä maailmassa voi tapahtua. Emme esimerkiksi voi toimia vastoin painovoiman rajoituksia tai kulkea nopeammin kuin valo. Kolmiulotteinen maailma on fyysinen maailma. Se, että maailma näyttäytyy meille fyysisenä ympäristönä, johtuu tietoisuutemme energian alhaisesta värähtelytasosta. Tietoisuus on energiaa, joka värähtelee tietyllä taajuudella. Mitä alhaisemmalla värähtelytasolla värähtely tapahtuu, sitä hitaammin elävän organismin molekyylit värähtelevät ja sitä hitaammin ne pyörivät. Juuri pyörimisen hitaus aiheuttaa sen, että molekyylit ja niistä kehittyvät fyysiset partikkelit tulevat näkyviksi. Ehkä voisimme käyttää vaikkapa helikopterin roottoreita esimerkkinä hitaudesta ja nopeudesta. Kun helikopteri valmistautuu lähtöön, sen roottorit pyörivät vielä hitaasti ja ovat selkeästi havaittavissa kaikkine yksityiskohtineen. Kun roottoreiden pyörimisvauhti kasvaa, roottoreita ja niiden yksityiskohtia ei voi enää nähdä yhtä tarkasti kuin alussa. Kun pyörimisvauhti on täysillä, roottoreita ei enää pysty havaitsemaan, kuulemme ainoastaan niiden äänen sekä näemme hämärän, epäselvän hahmon. Sama pätee tietoisuuteen. Meillä molekyylien pyörimisnopeus on niin alhainen, että kaikki olemassa oleva tulee näkyväksi. Kun molekyylien pyörimisnopeus kasvaa riittävästi, kaikki elävä muuttuu "sumuiseksi" tai "aavemaiseksi", epäselviksi hahmoiksi, kunnes ne lopulta häviävät kokonaan näkyvistä. Mitä korkealla tasolla tietoisuuden energia värähtelee, sitä nopeammin molekyylit pyörivät. Ja mitä nopeammin ne pyörivät, sitä näkymättömämmiksi ne muuttuvat.

Ihmisen tietoisuuden näkökulmasta voisi siis sanoa, että mikäli yksittäinen ihminen pystyisi nostamaan tietoisuutensa värähtelytasoa ja sen seurauksena molekyylien pyörimisnopeutta riittävän paljon, tuo ihminen häviäisi kokonaan näkyvistä. Emme enää pystyisi havaitsemaan häntä tässä todellisuudessa. No, kukaan ei ole vielä tähän pystynyt.

TIETOISUUKSIEN LUONNE JA RAKENNE

Tietoisuuksia tarkasteltaessa törmäämme usein kolmeen käsitteeseen, jotka laveasti ajateltuna tarkoittavat samaa asiaa: tietoisuus, sielu ja Itse. Sielu on termi, on ohjelmoitu meidän kolmiulotteiseen tietoisuuteemme. Sitä käytetään huolettomasti kuvaamaan jotain tuntematonta, ihmiseen liittyvää korkeampaa ilmentymää, jota kukaan ei kuitenkaan osaa selittää. Sielulle ei ole yksiselitteistä määritelmää, ainoastaan viittaus johonkin ikään kuin ihmisen sisällä tai ulkopuolella olevaan henkeen. Tässä kirjassa sielu voidaan rinnastaa tietoisuuteen, vaikka se ei tarkkaan ottaen pidä paikkaansa, koska termi kuuluu

ainoastaan meidän tietoisuuteemme, eikä sitä ei voida so-
veltaa muihin todellisuuksiin. Toinen käsite, jota käyte-
tään kuvaamaan tietoisuutta, on "itse". Itse kuvaa suve-
reenia, autenttista tietoisuuden osaa, jonka sen ylempi tie-
toisuus on luonut erottamalla sen itsenäiseksi osaksi itse-
ään.

Eräs keskeisimmistä asioista, joka meidän olisi tarpeellista
ymmärtää, on se, että olemme itse asiassa olemassa mo-
nella tietoisuuden tiheyden tasolla samanaikaisesti. Täällä
kolmannen tiheyden todellisuudessa on vain pieni osa
siitä korkeimman tason tietoisuudesta, joka me oikeasti
olemme. Meidän kolmannen tiheyden tietoisuutemme
"yläpuolella" on tietoisuuksien ketju. Tietoisuus, josta
oma tietoisuutemme on lähtöisin, on korkeammalla ulot-
tuvuuden tasolla asustava korkea tietoisuus. Koska tietoi-
suudesta käytetään myös nimitystä sielu, voisimme kut-
sua tuota korkeampaa tietoisuuttamme termillä ylisielu,
koska tällekään käsitteelle ei ole meidän kielessämme ole-
massa yksiselitteistä määritelmää. Ylisielua voisi myös pi-
tää meidän jokaisen kaikkein laajimpana itsenä, koska yli-
sielu koostuu kaikista muistakin sen synnyttämistä tietoi-
suuksista. Jos katsomme asiaa ylisielun näkökulmasta,
voisimme jopa pitää toisia sen synnyttämiä sieluja toisina
itseinämme. Hyvin todellisessa merkityksessä me olemme
kaikki yhtä. Korkeampi Itsekin on ylisielun luoma. Korke-
ampi Itse muodostaa yhteen kootun, kaikista inkar-
naatioistasi kerääntyneen viisauden. Sen takia se pystyy
auttamaan meitä, jos pyydämme sen apua.

Toinen varsin tuntematon ja hämmästyttävä esimerkki massiivisesta rinnakkaisesta strategiasta, jota jokainen tietoisuuden taso ja oleminen käyttää maksimoidakseen henkisen kehityksensä, on jotain, jota tietoisuus tekee täysin meidän tietämättämme. Tietoisuus ei ole vain yksi elämän polku, joka on määritelty tekemiemme valintojen perusteella. Se kokee jokaisen mahdollisen elämän polun vaihtoehdon ja se tekee sitä kaikkea rinnakkain. Tietoisuutemme sanan mukaisesti tutkii jokaista mahdollista tapaa, miten elämämme voisi toteutua. Jokaisessa vähänkään merkittävässä päätöskohdassa matkamme varrella tietoisuutemme luo kaksi säiettä tietoisuudestaan ja käyttää niitä seuratakseen kumpaakin kokemuksen polkua. Jokaisella hetkellä ylisielullamme on huomattava määrä alempia tietoisuuksia, jotka navigoivat montaa rinnakkaista elämän vaihtoehtoa ja siten se maksimoi kasvupotentiaalin itsensä ja kaikkien sen ylempien tietoisuuksien näkökulmasta. Olemme monitasoinen, moniosainen tietoisuus ja monien samanaikaisten moniin todellisuuksiin ja aikajanoihin ulottuvilla matkoillamme olemme saaneet runsaasti kokemuksia ja ymmärrystä, jotka rikastuttavat tietoisuuden jokaista tasoa.

TODELLINEN ITSE

Se itse, jonka monet uskovat olevan kaiken, mitä he ovat, se itse, jonka he samaistavat fyysiseen kehoon ja fyysiseen mieleen, on vain ihmisen oikean tietoisuuden ohimenevä osanen. Todellinen itse on tietoisuus ja se taas on maailmankaikkeuden tietoisuuden säie. Tämä tietoisuus on

järjestäytynyt moninkertaisiin tasoihin, jossa jokainen
ylempi taso koostuu kaikista alemman tason osista.
Olemme moniulotteisia olentoja, joiden jokainen itsen
taso pyrkii yhdistymään uudelleen Alkulähteen kanssa.
Tämä on maailmankaikkeuden kehittymisen prosessi.
Kaikkein lähin ylempi tietoisuutemme taso on jokaisen
Korkeampi Itsesi. Korkeampi Itsesi on maailmankaikkeu-
den tietoisuuden yksilöity ilmentymä, jolla on oma tie-
dostamisen polttopiste ja paikallinen muisti, joka kerää ja
varastoi kaikki oman energiakenttänsä sisältä saamansa
kokemukset ja ymmärrykset. Korkeampi Itsesi loi fyysi-
sen kehosi ja muodosti siihen yhteyden. Maapallolla ilme-
nevää raskasta fyysistä olemassaoloa ei ole missään päin
ei-fyysisiä valtakuntia. Se tuottaa hyvin kehittäviä koke-
muksia, jotka edesauttavat suuresti kehoa käyttävän tie-
toisuuden henkistä kehittymistä ja värähtelytaajuuden
nousun avulla yhdentymistä korkeampaan tietoisuuteen.

KOLLEKTIIVINEN TIETOISUUS

Tietoisuuden kaikkein suurin ilmentymä kolmiulottei-
sessa maailmassamme on koko ihmiskunnan kollektiivi-
nen tietoisuus. Tämä ihmiskunnan tietoisuuden tila on
ohjaillut monia ennustajia, jotka tiettynä ajan hetkenä
ovat tunnistaneet ihmiskunnan kollektiivisen tietoisuu-
den tilan ja ovat sen perusteella ennustaneet, että on to-
dennäköistä, että tietty, useimmissa tapauksissa synkkä,

tulevaisuusvaihtoehto toteutuisi. Tästä esimerkkinä kaikki maailmanlopun ennustukset.

Kollektiivista tietoisuutta voidaan pitää kaikkien maapallolla olevien tietoisuuksien tiheyksien keskiarvona. Asiaa voisi yrittää kuvata IT-maailmasta tutun "pilvipalvelun" avulla. Tässä pilvipalvelussa säilötään yhteen paikkaan kaikkien tietoisuuksien energioiden värähtelytasojen keskiarvo. Lisäpalveluna sinne tallentuu automaattisesti yhteiset tai laajasti käytetyt uskomukset eri asioista siten kuin tietoisuuksien ohjelmointi sen on toteuttanut. Jokaisen ihmisen tietoisuudessa sijaitsevasta tiedostumattoman mielen osasta ulottuu pilvipalveluun "näkymätön linkki" tai "tietoliikenneyhteys", joka päivittää ajantasaisesti pilvipalveluun kussakin yksittäisessä tietoisuudessa tapahtuneet muutokset. Ja toisin päin: kun ihminen miettii jotain asiaa, yhteys tarkistaa, onko pilvipalvelussa olemassa asiasta jo tieto. Jos on, pilvipalvelu tarjoaa sitä tietoa ihmiselle, joka sen lähes poikkeuksetta hyväksyy ja toimii sen mukaan. Mikäli sellaista tietoa pilvipalvelussa ei ole, ihmisen ajatus luo sinne uuden uskomusaihion, joka sitten on kaikkien käytettävissä ja alkaa kasvaa, jos se saa enemmän kannatusta.

Ihmisen näkökulmasta tilanne on siis hankala. Oma tietoisuus on ohjelmoitu toimimaan tietyllä tavalla ja sen lisäksi kollektiivinen tietoisuus tukee ohjelmoitua ajattelutapaa. Ihmisen on siis varsin vaikeaa tuoda esiin sellaisia uusia ajatuksia, jotka eivät ole linjassa ohjelmoitujen ajatusmallien kanssa. Kanssaihmiset ovat uuden asian suhteen passiivisia tai sitten vastustavat sitä enemmän tai vähemmän.

RINNAKKAISET TODELLISUUDET

Olemassaolon peruslainalaisuuden mukaan tietoisuus luo oman todellisuutensa. Ensin tietoisuus ajattelee tapahtuman, ympäristön jne. itsensä – siis tietoisuuden – sisäpuolelle, josta se heijastaa sen ympäristöönsä. Silloin siitä tulee tuon tietoisuuden luoma, oma todellisuus. Täällä kolmiulotteisessa maailmassa ihmisellä itse asiassa ei ole tietoisuutta, vaan tietoisuus on heijastanut ihmisen oman ajatuksensa tuloksena itsensä ulkopuolelle. Ihminen ei siis ole tietoisuuden lähde, ainoastaan tietoisuuden fyysinen heijastuma.

Kun sanotaan, että tietoisuus luo oman todellisuutensa, se itse asiassa valitsee jokaisena hetkenä olemassa olevista todellisuuden mahdollisuuksista sen vaihtoehdon, joka parhaiten vastaa tietoisuuden aiheuttaman energian värähtelyä. Tietoisuus ei voi valita muuta kuin sen, mikä vastaa sen omaa tilaansa. Jos esimerkiksi tietoisuus on lähes kokonaan negatiivisten ajatusten vallassa, se ei pysty valitsemaan rakkaudellista todellisuutta, koska se heijastaa negatiivisten ajatusten aiheuttamaa alhaisempaa energian värähtelytaajuutta ja rakkauden taajuus on huomattavasti korkeampi. Tai toisin päin, jos tietoisuus on täynnä rakkaudellisia ajatuksia, kuten meitä ylemmissä tietoisuuden tasoissa asia on, tietoisuus ei kykene valitsemaan itselleen negatiivista todellisuutta.

Miten yksittäisen todellisuuden näkyväksi tulemisen vaihtoehdot syntyvät? On sanottu, että tietoisuus käy läpi joka sekunti jopa miljardi eri todellisuusvaihtoehtoa ennen kuin se päättää, minkä se niistä valitsee tietyllä hetkellä omaksi todellisuuden ilmentymäkseen. Me emme havaitse eri vaihtoehtoja, koska ne ovat niin lähellä toisiaan, että muutosta ei voi havaita. Vasta sitten, kun muutos on niin suuri, että se aiheuttaa näkyvään todellisuuteemme oikeasti havaittavan eron, me tulemme tietoisiksi ympäristömme muutoksesta. Todellisuuden vaihtoehtojen syntyyn vaikuttaa eräs maailmankaikkeuden ihmeellisimmistä paradokseista. Olemassaolo, jonka sisällä maailmankaikkeudet ovat, ja joiden sisällä todellisuudet vuorostaan sijaitsevat, on ollut aina olemassa. Se on ikuinen. Ja jatkuu ikuisesti eli on aina olemassa. Kuitenkin olemassaolon syntyhetkellä, mitä ei siis äskeisen lausuman mukaan pitäisi olla olemassakaan, tuolla syntyhetkellä tapahtui kaikki, mitä ikinä voi olla olemassa missään maailmankaikkeudessa, missään tietoisuudessa, missään ulottuvuudessa ja missään todellisuudessa. Se johtaa sellaiseen uskomattomaan johtopäätökseen, että kaikki mahdollinen on jo tapahtunut. Kaikki ikuisuudessa oleva on jo tapahtunut. Tämä tarkoittaa, että et itse asiassa luo enää mitään uutta, koska kaikkien valintojen mukaiset tapahtumat ovat jo tapahtuneet. Sen sijaan elät uudestaan jo kertaalleen valittuja ja toteutuneita tapahtumia. Ja koska kaikki on jo tapahtunut, kaikki tietyn ajatuksen seurauksena syntyneet, siihen liittyvät toteutumisvaihtoehdot ovat jo tapahtuneet. Ja koska kaikki vaihtoehdot ovat jo tapahtuneet, tietoisuus voi tietyllä hetkellä ikään kuin "selailla" eri vaihtoehtoja ja valita sitten sen, joka parhaiten vastaa tuon lähtöajatuksen energian luomaa todellisuutta tai maailmaa.

Kun puhutaan tietoisuuden muuttumisesta, se tarkoittaa itse asiassa sitä, että tietoisuus itsessään ei muutu, vaan tietoisuus valitsee joka hetki sille parhaiten sopivan todellisuuden. Tuo todellisuus on itse asiassa kokonainen universumi, koska jokaisen valinnan seurauksena syntynyt todellisuus on täysin ainutlaatuinen kokonainen maailmankaikkeus. Rinnakkaiset maailmankaikkeudet eivät ole millään tavalla riippuvaisia toisistaan.

Me emme ole tietoisia noista muista rinnakkaisista todellisuuksista, ainoastaan siitä vaihtoehdosta, jonka tietoisuus on valinnut toteutuvaksi. Jokaiselle rinnakkaiselle todellisuudelle muodostuu oma ns. aikajanansa. Aikajana tarkoittaa sitä, että tietoisuus valitsee aina samanlaisen sisäisen tilan mukaisesti myös tulevat valinnat, mikä johtaa todennäköisesti johonkin tiettyyn, ennustettavaan lopputulokseen.

Me valitsemme joka hetki uuden todellisuuden, jota elämme. Emme tiedosta tekevämme tällaisia valintoja, vaan asia on täysin automatisoitu toiminto, ikään kuin toimisimme automaattiohjauksella. Tietoisuutemme värähtelytaajuuden aikaansaama energia määrittää, minkälainen todellisuus kunakin hetkenä tulee näkyväksi. Tietoisuus valitsee aina sen todellisuuden, joka vastaa sen energian värähtelytaajuutta.

7. KOLMIULOTTEINEN TIETOISUUS

Tässä osassa käydään läpi meidän kolmiulotteisen tietoisuutemme ominaisuuksia, rakennetta ja suhdetta muihin tietoisuuden tasoihin.

KOLMIULOTTEISEN TIETOISUUDEN OMINAISUUKSIA

Kolmiulotteinen todellisuus on materiaalin ja pelon maailma. Kolmiulotteisessa maailmassa elämä keskittyy materian keräämiseen ja sen jälkeen pelkoon sen menettämisestä. Pelkäämme menettävämme hallinnan, pelkäämme, ettemme ole turvassa emmekä tarpeeksi hyviä. Emme luota toisiin ihmisiin, koska he voivat ottaa omaisuutemme pois meiltä. Sen takia pyrimme kahmimaan valtaa suhteessa toisiin ihmisiin ollaksemme paremmassa asemassa. Määrittelemme itsemme sen mukaan mitä omistamme ja mitä teemme työksemme. Uskomme olevamme erillään Jumalasta ja kaikista muista ihmisistä ja kaikesta muustakin. Emme pysty kokemaan yhteyttä Alkulähteen kanssa. Uskomme kuoleman olevan jotain tuskallista, pimeää ja rajallista. Uskomme elävämme yhden elämän ja sillä siisti. Uskomme, että elämme puutteen maailmassa. Sen takia uskomme, että meidän on taisteltava kovasti saadaksemme oman hyvinvointimme, koska sitä ei riitä kaikille. Luulemme, että maailma on kilpailua voittajien ja häviäjien kesken. Mielestämme on oikein valehdella, koska kaikki tekevät niin. Meillä on tarve olla oikeassa. Uskomme, että miehillä ja naisilla on omat roolinsa.

Ihmissuhteiden ja seksin osalta uskomme, ettemme ole täydellisiä ilman toista ihmistä. Uskomme tarvitsevamme jonkin toisen ihmisen tekemään meidät onnellisiksi. Olemme niin tottuneet egon olemassaoloon, ettemme epäile, onko normaalia elää joko menneisyydessä tai tulevaisuudessa. Ego ei osaa elää nyt-hetkessä, jossa yhteys Alkulähteeseen syntyy. Emme ymmärrä, että voimme luoda oman todellisuutemme. Emme rakasta itseämme. Se, että emme rakasta itseämme, on itsekeskeistä ja estää meitä olemasta osa kokonaisuutta. Energiatasolla kolmiulotteinen todellisuus sijaitsee hyvin matalalla energian värähtelytasolla ja edistää siten erillisyyden harhakuvaa.

TIETOISUUDEN RAKENNE

Kolmiulotteinen tietoisuus on ns. ohjelmoitu tietoisuus. Tietoisuus on ohjelmoitu siten, että se näkee ympärillään vain kaikille kolmiulotteisille tietoisuuksille luodun yhteisen todellisuuden. Yhteinen todellisuus käsittää koko sen maailmankaikkeuden, joka on nykyisen tieteen todennettavissa. Todellisuus on hologrammi, jossa jokaisesta sen solusta voidaan nähdä koko hologrammin kokonaisuus. Jokaisen yksittäisen tietoisuuden tiedostumattomaan mieleen on asetettu ohjelma, joka näyttää vain yhteisen todellisuuden, mutta ei muuta. Tuo yhteinen todellisuus on meidän fyysinen maailmamme. Ohjelmointi estää tietoisuutta näkemästä hologrammin ulkopuolelle, jossa sijaitsevat korkeammat tietoisuuden tasot, myös Korkeampi Itse. Ohjelmoinnin avulla on saatu aikaan tunne

41

erillisyydestä ja dualismista. Lisäksi ohjelma tuo alitajuntaan geneettiset perimätiedot sekä kulttuuri- ja uskomustietoja, jotka ovat tarpeen siinä osassa maailmaa, johon tietoisuus inkarnoituu.

Asiaa voidaan tarkastella oman korkeamman tietoisuutemme näkökulmasta. Korkeampi tietoisuutemme elää tietoisuudessa, jossa se on ikuisessa yhteydessä kaikkeen, mitä on olemassa. Jos se laittaisi päähänsä ns. kolmiulotteisuuden virtuaalilasit, tuo henkiolento näkisi vain kolmiulotteisen todellisuuden eli sen maailman, jonka mekin näemme. Sitten kun se ottaisi lasit pois, kaikki todellisuudet palautuisivat takaisin. Kolmiulotteinen todellisuus on nähtävissä vain virtuaalilasien avulla. Ilman laseja voidaan nähdä kaikki todellisuudet. Tästä voidaan päätellä, että meillä kaikilla täällä maan päällä on ikään kuin virtuaalilasit päässä. Noiden lasien takia näemme vain tämän todellisuuden. Kun riisumme lasit, näemme kaiken.

Entä mitä tapahtuu sitten kun ihminen kuolee? Yleinen käsitys on, että keho lakkaa elämästä eli fyysisesti kuolee, mutta henki jatkaa matkaansa muualla maailmankaikkeudessa. On perusteltua kuvitella, että henki "astuu taivaaseen", toisin sanoen sellaiseen rakkaudelliseen todellisuuteen, josta useimmat meistä uneksivat ja toivovat. Kolmiulotteisen tietoisuuden ohjelmointi ulottuu kuitenkin myös kuoleman jälkeiseen elämään. Itse asiassa kuoleman jälkeinen elämä on osa tuota ohjelmoitua kolmiulotteista maailmankaikkeutta, joka näyttää lähes loputtomalta. Se sisältää kuitenkin rakkautta, mutta ei siinä määrin kuin se korkeampi ulottuvuus, josta olemme peräisin. Se voidaan käsittää eräänlaisena "lepopaikkana". Jälleensyntymien välillä tietoisuus käy lepäämässä hieman korkeammalla tietoisuuden tasolla – kuitenkin kolmannen tiheyden sisällä – ja laskeutuu sitten ohjelmoinnin mukaisesti takaisin seuraavaan ihmiskehoon. Mikäli ohjelmointiin perustuva tila pysyisi muuttumattomana, niin kuin se on ollut jo ainakin kymmeniä tuhansia vuosia, ihminen pysyisi edelleen tämän nykyisen tietoisuuden sisällä. Ihmisellä ei olisi mahdollisuutta palata takaisin sinne korkeampaan tietoisuuden tilaan, josta ihmiskehoa käyttävä tietoisuus on lähtöisin. Tämä johtuu siitä, että tietoisuuden syntypiste on aina ohjelmoitu samaksi pisteeksi, eikä tietoisuus voi syntyä muuta kautta. Mutta tilanne on muuttumassa, ohjelmointi puretaan ja ihmiskuntaa autetaan "ottamaan lasit pois päästään". Siis oivaltamaan, mikä se oikeasti on.

Alla olevassa kuvassa on kuvattu, miten meidän kolmiulotteisessa maailmassamme toimiva tietoisuutemme rakentuu. Tietoisuuden sisällä sijaitsee pienempi kokonaisuus, jota kutsutaan mieleksi. Mieli jakautuu päivätajunnaksi, alitajunnaksi ja tiedostumattomaksi mieleksi. Mielen sisällä toimii egon ajatusjärjestelmä. Me yleensä havaitsemme itsessämme vain tuon egon ajatusjärjestelmän, joka ohjaa lähes täydellisesti ja automaattisesti omia ajatusprosessejamme. Kuitenkin mielessämme on aina liittymäpinta korkeampaan tietoisuuteemme, vaikkemme sitä tyypillisesti edes tunnista tai kuuntele sen viestejä. Tärkeä osa on tietoisuudessa toimiva Valitsija/Tarkkailija -toiminto, joka viime kädessä valitsee ja päättää, mitä ajatuksia toteutamme ns. päivätajunnassa. Valitsija/Tarkkailija valitsee aina egon ja korkeamman tietoisuutemme tarjoamien ajatusten välillä. Tyypillisesti Valitsija/Tarkkailija valitsee lähes automaattisesti egon tarjoaman ajatuksen, koska egon ajatusprosessit ovat aikojen saatossa pitkälti automatisoituneet pysyviksi ajatusten reiteiksi. Jotta tietoisuuden taso voisi nousta ylemmäs, on egon tarjoamat ajatukset osattava jättää valitsematta. Se on meidän tärkeimpiä tehtäviämme. Se on tapa riisua virtuaalilasit silmiltämme.

Periaate:

Tiedostava mieli	Tiedostava mieli eli aktiivinen mielen osa eli ns. päivätajunta, johon kaikki toteutuvat ajatukset päätyvät. Sisältää myös tunteet.
Valitsija/Tarkkailija	Sen tehtävänä on ottaa vastaan alitajunnasta, tiedostumattomasta mielestä tai korkeammalta tietoisuuden tasolta tulevia ajatuksia ja tehdä päätös, mitä se tarjoaa tiedostavalle mielelle toteutusta varten.
Alitajunta	Alitajunta on se osa tietoisuuden rakennetta, johon on ohjelmoitu kaikki geneettinen perimätietomme. Se vaikuttaa tiedostavaan mieleen meneviin ajatuksiin.
Tiedostumaton mieli	Tiedostumaton mieli on tietoisuuden osa, johon on ohjelmoitu ja tallennettu ihmiskunnan yhteiset uskomukset sekä yhteinen käsitys maailmasta sellaisena kuin me kaikki olemme ohjelmoituja sen näkemään.
Egon ajatusjärjestelmä	Ego on keskeinen osa 3D-tietoisuuden rakennetta. Se toteuttaa tämän tietoisuuden pääasiallista tavoitetta eli erillisyyden ylläpitämistä.
Yhteys omaan korkeampaan tietoisuuteen	Tietoisuuden sisällä on myös yhteys korkeammalle tietoisuuden tasolle. Tämä varmistaa, että yhteytemme Alkulähteeseen ei katkea.

EGON AJATUSJÄRJESTELMÄ

Mieli on osa ihmisen tietoisuutta. Mielen sisällä on ego, joka on meidän todellisuudessamme käytettävä ihmisen ajatusjärjestelmä. Egoa ei tarvita tässä muodossa missään muussa todellisuudessa, vaikka se tietyllä tavalla on sielläkin olemassa. Kun ihminen ajattelee mielen "päivätajunnan" eli mielen tietoisella osalla, johon kaikki toimintaa synnyttävät ajatukset tulevat, sitä ohjaa kaksi asiaa. Tiedostamattomassa mielen osassa asustava egon ajatusjärjestelmä työntää "päivätajuntaan" omia ajatuksiaan, joiden ohjaamana ihmiset useimmiten toimivat. Tietoiseen mieleen on mahdollista tulla ajatuksia myös ihmisen omasta Itsestä eli siitä ylemmällä tietoisuuden tasolla olevalta tietoisuudelta, joka on osa samaa ihmisen ylisielua kuin ihmisen tietoisuuskin on. Ihmisen Korkeampi Itse on tietoisuus, jonka tehtävänä on pitää yllä yhteyttä ihmisen ohjelmoidun tietoisuuden ja ylisielun tietoisuuden välillä. Korkeampi Itse auttaa ihmistä tekemään valintoja elämänsä eri tilanteissa. Siis mikäli ihminen haluaa ohjausta viisaammalta itsensä versiolta. Kun ihminen pyytää apua "henkimaailmasta", hän saa itse asiassa apua itseltään. Korkeampi Itse on laajempi ja viisaampi versio inkarnoituneesta tietoisuudesta verrattuna tämän pieneen tietoisuuteen, jonka avulla se toimii tässä todellisuudessa. Ihmisen on vaikea ymmärtää käsitettä, jossa ihminen ikään kuin auttaa itseään. Itse kun on näkymätön eikä siihen kovin helposti saa yhteyttä, jollei siihen ole halukkuutta.

Ihmiset ovat niin kauan ajatelleet pelkästään egon ajatus-
järjestelmän avulla, että heidän yhteytensä omaan Korke-
ampaan Itseensä on lähes olematon. Ego hallitsee ihmisen
mieltä lähes suvereenisti. Egon ajatusjärjestelmä perustuu
pelkoon ja siitä johdettuihin muihin negatiivisiin ajatuk-
siin ja niiden synnyttämiin tunteisiin. Pelko, häpeä ja
syyllisyys ovat kaikkein voimakkaimpia egon aikaan saa-
mia ajatuksia. Lähes jokaisella ihmisellä on mielessään
pelkoa ja syyllisyyttä. Aikaisemmin todettiin, että kol-
mannen tiheyden todellisuus, mitä maapallo parhaiten
edustaa, on kaikkein kauimpana Alkulähteestä oleva to-
dellisuus. Toisin sanoen, Maapallolle inkarnoituneiden il-
mentymien tietoisuudet tuntevat olevansa lähes täysin
erillään Yhdistyneestä Tietoisuudesta. Tätä kutsutaan eril-
lisyydeksi eli erossa olemiseksi Alkulähteestä. Egon tehtä-
vänä on ylläpitää tätä erillisyyden harhakäsitystä. Ego
suojelee kehoa ja pitää kehoa kaikkein tärkeimpänä. Totta
kai, koska ilman kehoa ei tarvittaisi egoakaan. Ego ei siis
pidä ajatuksesta, että Korkeampi Itse sotkeutuu sen hallit-
semaan ajatusmaailmaan tuomalla esiin ajatuksia, joiden
ego intuitiivisesti tietää edustavan sille epäedullista kehi-
tystä. Egon ajatusjärjestelmä perustuu aina elettyjen koke-
musten tuomiin muistikuviin. Ego tuo jatkuvasti tietoi-
seen mieleen muistikuvia menneistä kokemuksista, joita
se tarjoaa ratkaisuiksi tuleviin vastaaviin tai niitä muistut-
taviin tilanteisiin. Ihmisen aikaisemman kokemuksen pe-
rusteella syntyneestä ajatuksesta tulee malli siitä, miten
ihmisen tulee tulkita tulevaa samankaltaista tilannetta.
Näin ollen ihminen käyttäytyy aina samalla tavalla, kun
samanlaisia tilanteita tulee eteen. Tällä tavalla ego

hallitsee sekä menneisyyttä että tulevaisuutta. Varmista-
malla että ihminen käyttäytyy menneisyyden luomien
ajatusmallien mukaisesti. Tässähän ei sinänsä ole ongel-
maa, jos ihmisen aikaisempien kokemusten luomat ajatus-
mallit olisivat positiivisia ja edistäisivät ihmisen tietoisuu-
den kehittymistä kohti Yhdistynyttä Tietoisuutta. Mutta
näin ei ole. Egohan ei halua, että ihmisen tietoisuus kehit-
tyy yhtään mihinkään, koska se lopulta merkitsisi egon
tuhoutumista. Egolla on valtava arsenaali negatiivisia aja-
tusmalleja, jotka pitävät ihmistä sen hallinnassa. Egon ne-
gatiiviset ajatusmallit ajavat ihmiset syyttämään toisiaan,
taistelemaan toisiaan vastaan ja tappamaan toisiaan. Näin
ego varmistaa, että pelko ja syyllisyys ja viha vallitsevat
maapallon todellisuudessa.

Koska tietoisuus on rakennettu siten, että se pyrkii kehit-
tymään ja oppimaan, kuten koko maailmankaikkeus ja
Alkulähdekin, ohjelmoidun tietoisuuden on tarjottava ih-
miselle jotakin, joka näyttäisi antavan mahdollisuuden
tuolle kehittymiselle. Tähän tarkoitukseen käytetään
egoa. Ego pyrkii aina osoittamaan, että ratkaisu ihmisen
tietoisuuden kehittymiseen (tai elämän tarkoitukseen) on
jossain ihmisen ulkopuolella. Kuka tahansa tai mikä ta-
hansa, mikä on jossain ihmisen ulkopuolella olevassa
maailmassa, sopii egon suunnitelmaan pitää ihminen ny-
kyisessä unohduksen tilassa. Ego antaa toivoa siitä, että
elämän totuus on mahdollista löytää. Se kannustaakin ko-
vasti ihmistä etsimään tuota totuutta. Mutta ego ohjaa ih-
mistä sellaiselle polulle, jolta ihminen ei ikinä tule to-
tuutta löytämään. Mutta "toivoa" on. Ja sehän sopii
egolle. Ego ei halua, että ihminen oivaltaa, että tarkoitus

ja totuus löytyvätkin ihmisen sisältä eli omasta tietoisuudesta ja sen kautta viime kädessä Alkulähteestä. Sillä hetkellä, kun ihmiselle syntyy pienikin halukkuus kysyä neuvoa Korkeammalta Itseltä, alkaa egon alamäki. Mitä enemmän ihminen tukeutuu saamaansa henkiseen ohjaukseen ja apuun, sitä vähemmän egon ajatusmalleilla on enää käyttöä. Ajatusmalleista irtautuminen on pitkällistä ja määrätietoista työtä, mutta Korkeampi Itse auttaa sitä enemmän, mitä enemmän ihmisen halukkuus asian suhteen kasvaa.

TIETOISUUDEN "KUTISTAMINEN"

Tässä esimerkissä ylisielu on luonut yhden ilmentymän (tietoisuuden) – siis osan itsestään - tähän maailmaan. Tuon ilmentymän tehtävänä on hankkia kokemuksia elämisestä sellaisessa todellisuudessa, jossa ilmentymä – siis ylisielun osa – ei muista, kuka se on.

Ajatusten synnyttämät tietoisuudet eivät elä samalla tietoisuuden tasolla kuin alkuperäinen ajatus. Sen takia, että ylisielu, mikä ajatteli tuon ajatuksen, tuntee tietenkin jo sen tietoisuuden ja todellisuuden, jossa se elää, joten siinä maailmassa ei välttämättä ole uutta opittavaa. Ylisielun luomat uudet tietoisuudet sijoittuvat ulottuvuuteen, joka on hieman kauempana Alkulähteestä. Uusi tietoisuus asettuu hieman alhaisempaan tietoisuuden tasoon voidakseen elää sellaisessa todellisuudessa, jossa on mahdollista luoda jotain toisenlaista. Tämähän tapahtuu siten,

48

että ylisielu alentaa itsensä jonkin osan värähtelytaajuutta, jolloin tuo osa voi irtaantua ja asettua alhaisemmalle tietoisuuden tasolle. On hyvä huomata, että jokainen tietoisuuden taso, samoin kuin jokainen ulottuvuuskin, antavat mahdollisuuden erilaiselle todellisuudelle. Se, mitä tapahtuu uuden tietoisuuden syntyessä, on, että se tulee asustamaan todellisuudessa, jossa se on hieman enemmän erillään Yhdistyneestä Tietoisuudesta. Yksinkertaistettuna voin sanoa, että uudet, luodut tietoisuudet ovat aina enemmän erillään Alkulähteestä kuin niiden luoja. Tai oikeastaan ne vain tuntevat olevansa enemmän erillään Alkulähteestä, mitä alhaisemmalle tietoisuuden tasolle ne on luotu. Ylisielun tietoisuuden värähtelytaajuus on niin lähellä Alkulähdettä, että yhteenkuuluvaisuuden tunne on kerrassaan sanoin kuvaamaton. Toisessa ääripäässä tätä tietoisuuksien asteikkoa on kolmannen tiheyden tietoisuus, jossa elävät ilmentymät ovat käytännössä lähes täydellisesti unohtaneet yhteytensä Alkulähteeseen ja suureen Rakkauteen. Korkeampien tietoisuuksien näkökulmasta ne ilmentymät, jotka päättävät viettää aikaa maapallolla, ovat suuresti kunnioitettuja, koska maapalloa pidetään – juuri ohjelmoinnin takia - eräänä kaikkein vaativimmista todellisuuksista, mitä voi kokea.

Ylisielun luoman tietoisuuden ei ole kovin helppoa päästä maapallolla vallitsevaan todellisuuteen. Ylisielun itsensä tietoisuus on niin suuri, ettei sille ole mahdollista ikään kutistua niin pieneksi tietoisuudeksi kuin maapallon todellisuus vaatii. Sen takia ylisielun on luotava niin rajoittunut tietoisuus, että se pystyy toimimaan fyysisessä, erittäin hitaasti toimivassa todellisuudessa, jota hallitsee aika-paikka -käsite. Nyt kun tuo ilmentymä luotu, se on siirtynyt suurin piirtein niin kauaksi Alkulähteestä kuin on mahdollista. Se tuntee olevansa täydellisessä erillisyydessä. Se ei enää muista, kuka se oikeasti on. Se luulee olevansa täysin yksin, erillään Alkulähteestä ja kadoksissa.

"SIELUJEN" SOPIMUKSET

Miksi tietoisuudet ylipäätään tulevat maapallolle, tähän kolmannen tiheyden ja kolmiulotteisuuden todellisuuteen? Tämä todellisuushan on eräs kaikkein haastavimmista ympäristöistä maailmankaikkeuksissa. Kun tietoisuus "laskeutuu" tähän maailmaan, se luo itselleen kehon, jonka avulla se kokee todellisuutensa ja kerää kokemuksensa, jotka tallentuvat tietoisuuden sisälle. Kaikki lähtee siitä perusasetelmasta, että Alkulähde haluaa oppia lisää itsestään. Se haluaa löytää itseään tutkimalla, mitä kaikkea se on tai voisi olla. Kaikki Alkulähteen luomat tietoisuudet ja edelleen kaikki tietoisuuksien luomat uudet tietoisuudet käyvät läpi samanlaisen kysymyksenasettelun. Jokainen niistäkin haluaa löytää itsensä. Jokainen tietoisuus luo oman todellisuutensa ja sen myötä kokee uusia asioita ja oppii lisää itsestään. Kaikki oppi, mitä tietoisuudet keräävät itselleen, palautuu takaisin Alkulähteen tietoon ja täydentää osaltaan Alkulähteen tietoa omasta itsestään. Ylemmillä tasoilla asustavat tietoisuudet tuntevat voimakkaasti olevansa yhtä Alkulähteen kanssa, joten niiden kokemusmaailmassa ei ole mahdollista saada sellaisia kokemuksia, joissa yhteenkuuluvuus Alkulähteen kanssa ei tuntuisi olevan olemassa tai tuntuisi olevan hyvin heikko. Ylemmissä tietoisuuksissa tehty luomistyö on suurta riemua, koska tietoisuudet tietävät olevansa osa suurenmoista Rakkautta ja yhteenkuuluvaisuutta. Ne luovat ilolla ja riemulla mitä ihmeellisempiä luomuksia ja leikkivät luomustensa ja toistensa kanssa rakkaudellisessa todellisuudessa. Ne eivät pysty luomaan mitään negatiivista. Alemmilla tiheyden tasoilla on mahdollista ajatella negatiivisia ajatuksia, jolloin tietoisuus saa kokemuksia, jotka vastaavat noiden negatiivisten ajatusten mukaista todellisuutta. Se kokee alemmassa todellisuudessa negatiivisen ajatuksensa seuraukset ja oppii niiden kautta lisää itsestään. Ja palaa sitten aikanaan takaisin ylempään tietoisuuteen.

Kysymys on siis itsensä löytämisestä. Kaikki tietoisuudet pyrkivät saamaan selville, mitä ne oikeasti ovat. Tämä pätee erityisesti alemmilla tietoisuuden tasoilla asustaviin ilmentymiin, koska yhteenkuuluvuus Alkulähteen ja kaikkien muidenkin henkiolentojen kanssa heikkenee ja lopulta unohtuu. Lisäksi ne unohtavat, mitä Rakkaus on. Sitä suuremmassa määrin henkiolento on hukassa oman identiteettinsä ja alkuperänsä suhteen ja kokee itsensä pieneksi, hylätyksi ja oman todellisuutensa uhriksi.

Kukaan ei lähde kolmanteen tiheyteen ilman etukäteissuunnitelmaa. Tietoisuutemme ohjelmointiin sisältyy tietoisuuden levähdyspaikka kuoleman jälkeen. Tuon levähdystauon aikana tietoisuudelle tehdään suunnitelma sen

seuraavan inkarnaation sisällöstä. Etukäteissuunnittelu
on aina tehty, mutta kolmannen tiheyden lainalaisuuk-
sien mukaisesti tuo tietoisuus on unohtanut, kuka se on ja
niin ikään unohtanut, mikä on se suunnitelma, jota se on
lähtenyt sinne toteuttamaan.

Miksi suunnitelma on tarpeellinen? Yhden inkarnaation
aikana tietoisuus tekee lukemattomia valintoja. Jokaisella
valinnalla on seurauksensa. Voidaan sanoa, että jokainen
valinta vie tietoisuutta lähemmäksi Yhdistynyttä Tietoi-
suutta eli Alkulähdettä tai kohti suurempaa erillisyyden
tunnetta, toisin sanoen kauemmaksi Alkulähteestä. On
hyvä kuitenkin muistaa, että vaikka se tekisi miten monta
erillisyyteen vievään valintaa tahansa, yhteys Alkulähtee-
seen ei ikinä katkea. Suurempaa erillisyyttä kohti vievillä
valinnoilla luodaan ns. karmaa, joka tarkoittaa, että näi-
den valintojen seuraukset ovat vielä toteutumatta ja tietoi-
suuden tulee vielä kohdata seuraukset ja siten se saa uu-
den mahdollisuuden valita toisin. Toisin valitseminen tar-
koittaa sitä, että se valitsee kussakin tilanteessa sellaisen
ajatuksen, joka vie sitä lähemmäksi Alkulähdettä.

Sen jälkeen, kun tietoisuus on poistunut maapallolta edel-
lisen inkarnaation loppumisen seurauksena, se viettää ai-
kaa ylemmällä tietoisuuden tasolla. Tuona aikana käy-
dään läpi inkarnaation aikaiset tapahtumat ja arvioidaan,
miten tuo inkarnaatio on mennyt. Sitten vähitellen aletaan
miettiä, missä vaiheessa tietoisuus tulisi takaisin maapal-
lolle ja mitä tehtäviä se haluaisi toteuttaa ja kokea. Selvyy-
den vuoksi on korostettava sitä, että tietoisuudella on
oma vapaa tahto, jota aina kunnioitetaan kaikilla

tietoisuuden tasoilla. Ketään ei pakoteta tekemään mitään. Mutta tietenkin on selvää, että sellainen tietoisuus, joka ei ole vielä inkarnoitunut maapallolle montaa kertaa, ei kykene kovin hyvin arvioimaan tai itsenäisesti pohtimaan, mitä sen tulisi siellä tehdä.

Tietoisuuden seuraavan inkarnaation suunnitelmassa katsotaan ensin, mitä aikaisempien valintojen seurauksia ei vielä ole koettu. Koska kolmannen tiheyden todellisuus on sangen haastava, tietoisuus on tehnyt paljon sellaisia valintoja, jotka vievät sitä yhä kauemmaksi erillisyyteen. Tällaiset valinnat aiheuttavat maailmankaikkeuteen epätasapainoa, joka on korjattava. Valinnat, jotka aiheuttavat tuollaisia seurauksia, ovat tyypillisesti sellaisia ajatuksia, jotka tuottavat negatiivisia tunteita, kuten viha, ahneus, suuttumus, kateus, anteeksiantamattomuus, arvostelu, tuomitseminen, pelko ja niin edelleen. Toisin sanoen negatiivisia ajatuksia, jotka johtavat negatiiviseen käyttäytymiseen ja tekoihin. Nämä kohdistuvat lähes aina toisiin tietoisuuksiin eli kanssaihmisiin, jotka ovat siinä samassa todellisuudessa. Tästähän erillisyydessä on pohjimmiltaan kysymys. Henkiolennot eivät enää muista, mistä ovat lähtöisin. Rakkaus ja yhteenkuuluvaisuus on unohdettu, ikään kuin niitä ei olisi koskaan ollutkaan. Ihmiset tuntevat olevansa yksin, peloissaan ja erillään toisista ihmisistä. Syvällä itsessään ne tuntevat epämääräistä syyllisyyttä, syyllisyyttä siitä, että ovat eriytyneet Alkulähteestä. Tuo syyllisyys on ajoittain niin kivulias tunne, että ihmisten on vaikea hyväksyä sitä. Niinpä ne alkavat heijastaa syyllisyyttään itsestään ulospäin ja näkevät helposti muut ihmiset syylliseksi omaan tilanteeseensa. Ne alkavat

53

pitää itseään uhrina. Maailma, tuo todellisuus, jossa ne nyt elävät, on ikään kuin aiheuttanut niiden tuskan ja ne katsovat joutuneensa ilman omaa syytään maailman kaltoinkohtelemaksi. Ja lopulta uhriksi. Silloin on helpompi syyttää kaikkia muita kuin itseään omasta pelostaan ja syyllisyydestään. Monet ihmiset elävät elämänsä uhrin näkökulmasta. Toiset ihmiset kohtaavat uhrina olemisen siten, että heistä tulee pahantekijöitä. He kokevat olevansa oikeutettuja sortamaan toisia ihmisiä, koska he haluavat hyvitystä omalle uhrina olemiselleen. Mutta hekin ovat pohjimmiltaan vain uhreja.

Tietoisuuden suunnittelemien kokemusten toteutuminen vaatii yhteistyötä muiden tietoisuuksien kanssa. Miksi? Maapallolla ihminen on koko ajan muiden ihmisten ympäröimä, ellei ole valinnut elävänsä täysin eristyksissä jossain päin maailmaa, niin sanotusti Jumalan selän takana, jos sallit tuollaisen kielikuvan. Kaikki ihmiset ovat siis jatkuvassa vuorovaikutuksessa toistensa kanssa. Jotta toiminnassa säilyisi järjestys ja sillä olisi oikeanlainen merkitys, tietoisuudet tekevät toistensa kanssa sopimuksia siitä, miten kukin tulisi tuossa todellisuudessa toimimaan suhteessa toisiinsa. Tarkemmin sanoen noiden ihmisten korkeammalla tasolla olevat tietoisuudet tekevät nuo sopimukset. Jos ajatellaan, että yksi ihmisolento elää keskimäärin 70-80 vuotta, hänen elinpiirissään vierailee suuri määrä toisia ihmisiä. Kuitenkaan yksikään ihminen ei ole paikalla sattumalta. Jokaisella on jokin rooli suhteessa tuohon yhteen ihmiseen. Tietenkin useimpien rooli on vähäpätöinen verrattuna niihin läheisiin ihmisiin, jotka ovat hyvinkin tiiviissä vuorovaikutuksessa tuon yksilön kanssa.

Vuorovaikutukseen vaikuttaa se, minkälaisia kokemuksia tietoisuus on itselleen suunnitellut. Jos hän on valinnut itselleen pahantekijän roolin ja siitä seuraavan kokemuksen, täytyy asian toteutuminen myös suunnitella ennen jälleensyntymistä. Tietoisuus siis toteaa esim. "Haluan kokea, miltä tuntuu, kun pahoinpitelen ja sorran toista ihmistä henkisesti ja fyysisesti niin pitkään kuin mahdollista." Tuollaisen kokemuksen tahallinen hakeminen kuulostaa hurjalta, mutta kaikki kokemukset ovat arvokkaita tietoisuuden itsensä kannalta ja ylisielun kannalta. Ja uskomattoman moni tekee tuonkin valinnan! Koska kaikki tuon tietoisuuden kokemukset palautuvat myös ylisielun tietoisuuteen, ne vaikuttavat myös siihen. Ylisielu saa siis kokemuksen siitä, mitä pahantekeminen toiselle merkitsee ja miltä se tuntuu. Sen näkökulmasta kokemus aiheuttaa sille tuskaa ja kärsimystä, sillä kaikilla valinnoilla on aina seurauksensa. Sen lisäksi, että ylisielun luoma tietoisuus aikanaan kärsii tekemästään valinnasta, myös se itse kärsi siitä, koska kaikki tietoisuudet ovat yhtä toistensa kanssa. Jotta ylisielu voi parantua tuosta kokemuksesta, on tuon alemman tietoisuuden myös koettava itse valintansa seuraukset. *Siis mitä teet toiselle, sen teet myös itsellesi.* Tietoisuus joutuu siis kohtaamaan tuon pahantekijänä olemisen seuraukset ottamalla jossain vaiheessa vastaan samanlaista kohtelua kuin itsekin on aiheuttanut. Sen takia mikään asia ei ole erillään toisesta, vaan kaikki on Yhtä.

Kun tietoisuus on valinnut itselleen tuon pahantekijän kokemuksen, on jonkun toisen tietoisuuden valittava itselleen pahantekijän uhrina olemisen kokemus. Maailmankaikkeudesta löytyy aina tietoisuuksia, jotka kaipaavat itselleen jompaa kumpaa kokemusta tai mitä muuta tahansa kokemusta. Sellainen tilanne ei ole mahdollista, että tietoisuus ei voisi kokea jotain, koska kukaan ei ole valmis tekemään hänen kanssaan siitä sopimusta. Juuri tuosta sopimuksessa on kysymys. Yksi tietoisuus suostuu olemaan pahantekijä, koska tarvitsee sitä kokemusta ja toinen tietoisuus suostuu olemaan uhri, koska tarvitsee sitä kokemusta. Ja nämä tietoisuudet tekevät tästä sopimuksen, joka toteutetaan seuraavan inkarnaation aikana. Koska tämä on tietoisuuksien (sielujen) keskenään tekemä sopimus, se tarkoittaa, että mitään pahuutta ei varsinaisessa tilanteessa itse asiassa tapahdu, vaikka se siltä näyttääkin. Molemmat sielut sopivat, että heidän tietoisuutensa inkarnoituvat, saavat ihmisen kehon ja elävät elämäänsä suunnitelman mukaisesti. Kun heidän ilmentymiensä on aika kohdata toisensa, alkaa suunnitelma toteutua. Ja se kestää niin kauan kuin sielut ovat sopineet sen kestävän. Ihmisten näkökulmasta tilanne tietysti näyttää sangen pahalta, koska toinen ihminen tekee toiselle väkivaltaa ja toinen kärsii. Heillä ei ole mitään käsitystä siitä, miten asian on tarkoitus tapahtua. Tilanteeseen saattaa liittyä montakin eri ihmistä, riippuen siitä, minkälaisessa ympäristössä ja yhteisössä vuorovaikutuksen on tarkoitus tapahtua. Pahantekijän ja toisaalta myös uhrin toiminta ja läsnäolo vaikuttaa moneen muuhunkin ihmiseen, jotka hekään eivät ole paikalla ja tilanteessa sattumalta.

56

Hekin ovat tehneet omalta osaltaan sopimuksen sekä pahantekijän, että uhrin kanssa siitä, että ovat paikalla ja yrittävät oppia tilanteesta ja tehdä itse omia valintojaan joko kohti Yhtä tai kohti erillisyyttä. Sopimuksia siis riittää.

Tietoisuudet ovat siis valinneet itselleen vaikka minkälaisia kokemuksia, joita he haluavat kokea yhden inkarnaation aikana. Tätä asiaa useimpien täällä maapallolla on hyvin vaikeaa käsittää. Saatat sanoa "Että minäkö olisin valinnut itselleni tällaisen uhrin kokemuksen, jossa minua pahoinpidellään suurin osa elämääni? En varmasti ole!" Reaktio johtuu luonnollisesti siitä, että ihmiset eivät käsitä olevansa ihmistä suurempi henkiolento, jonka kotipaikka on Yhdistyneessä Tietoisuudessa, jota hallitsee Rakkaus. He ovat unohtaneet sen, mitä he oikeasti ovat. Ollessaan inkarnaatioidensa välillä korkeammalla tietoisuuden tasolla, he päättävät, mitä kokemuksia he aikovat seuraavassa elämässään kokea. Lisäksi he suunnittelevat tulevat kokemuksensa niistä edellisissä elämissään tekemiensä valintojen seurauksista, jos ne ovat vielä kokematta.

Kummankin edellä kuvatun roolin mukainen ajattelutapa aiheuttaa erillisyyttä edistäviä valintoja ja sen mukaisia tekoja. Suunnittelussa otetaan huomioon nämä valinnat ja niiden perusteella muodostetaan yksi osa uutta suunnitelmaa. Eräs olemassaolon peruslainalaisuuksista sanoo, että se, *minkä teet toiselle, teet myös itsellesi.* Tämä tarkoittaa juuri sitä, että kun ihminen ajattelee toisesta pahaa ja tekee toiselle pahaa, se samalla tekee sitä itselleen. Tätä on maapallolla hankala uskoa, koska seuraus ei tapahdu välittömästi siten, että ihminen voisi ymmärtää sen olevan seurausta juuri tietystä ajatuksesta ja teosta. Maapallolla vallitseva aikakäsitys siirtää itselle tapahtuvan kokemuksen – seurauksen – pitemmän ajan päähän, jolloin ihmisen on vaikeampi yhdistää ensimmäistä tapahtumaa ja sen seurausta. Tästä johtuu usein tuo uhriksi joutumisen tunne, koska syytä tapahtumiin ei voida selkeästi ymmärtää.

KOKEMUS INKARNAATIOSTA

Kun tietoisuus sitten vihdoin siirtyy Maapallolle ja syntyy naisen kohdun kautta kolmiulotteiseksi todellisuudeksi, jolla on keho, se tuntuu erittäin epämiellyttävältä. Tietoisuus yrittää viimeiseen asti pitää kiinni edes joistain edellisen todellisuuden muiston rippeistä. Se tuntuu ikään kuin kuolemalta. Kuvaannollisesti voidaan sanoa, että se, mitä pidetään uuden elämän syntymisenä, onkin toisen elämän kuolema.

Ja sitten, kun tuo nyt ihmisen muotoa käyttänyt tietoisuus sitten aikanaan "kuolee", se tuntuu siitä kauhealta. Se pelkää kuolemaa ja elämän loppumista. Koska se ei muista omaa ikuista olemustaan, se luulee kuoleman olevan lopullista eikä mitään muuta ole. Ei ihme, että sellainen pelottaa. Sekin yrittää

pitää kiinni elämänsä muistoista ja viedä ne muka-
naan kuolemaan. Tässäkin tapauksessa yhden ilmen-
tymän ns. kuolema on toisen ilmentymän syntymä.
Vaikka eihän tuo ilmentymä enää "synny" sanan
varsinaisessa merkityksessä, koska se ei ole koskaan
kuollutkaan. Se vaan muuttaa muotoaan kehoa käyt-
tävästä tietoisuudesta takaisin ylempään tietoisuu-
teen, mistä se tulikin. Kuolemaa ei ole olemassakaan,
aivan riippumatta siitä, mitä tämän maailman uskon-
tojen dogmit asiasta sanovat. On tyypillistä, että
tämä kiertokulku, jota kutsutaan jälleensyntymiseksi
tai inkarnaatioksi, tapahtuu lukuisia kertoja. Jokaisen
tietoisuuden osalta kiertokulun pituus on yksilölli-
nen, riippuen siitä, miten hyvin hän on onnistunut
suorittamaan suunnittelemiaan tehtäviä.

TIETOISUUDEN "SIMULOINTI"

Amerikkalainen fyysikko Thomas Campbell on verrannut
kirjassaan *My Big Theory of Everything* meidän elä-
määmme kolmiulotteisessa tietoisuudessa tietokonepe-
liin. Tietokonepelin perusajatuksena on, että pelaaja luo
itselleen peliä varten hahmon, jolle hän antaa ominai-
suuksia ja laittaa hänet pelaamaan peliä muita pelaajia
vastaan. Kun hahmo "kuolee" jossain vaiheessa peliä, pe-
laaja luo uuden hahmon ja aloittaa pelin joko alusta tai

jatkaa siitä, mihin edellinen hahmo pelissään jäi. Pelaaja
on koko ajan sama, mutta hahmot "tulevat ja menevät".

Vertaus ihmisen olemassaoloon tässä todellisuudessa toi-
mii hämmästyttävän hyvin. Ihmisen elämää kolmiulottei-
sessa maailmassa voidaan tarkastella samalla tavalla.
Tässä tapauksessa pelaaja ei ole ihminen, vaan ihmisen
Korkeampi Itse eli korkeampi tietoisuus. Korkeampi Itse
ohjaa hahmoa, jonka muodostaa kolmiulotteinen tietoi-
suus, sen käyttämä keho sekä vapaa tahto. Toisin sanoen
ihminen. Tässä "pelissä", jossa hahmoina ovat kaikki tä-
män maailman ihmiset, on tietysti tietyt, kaikille yhteiset
säännöt. Jokainen hahmo on varustettu ego-nimisellä aja-
tusjärjestelmällä. Lisäksi kaikkien hahmojen yhdistynee-
seen tietoisuuteen, joka on jokaisen hahmon tiedostumat-
tomassa mielessä, on ohjelmoitu "säännöt", jotka kerto-
vat, miten peliä pelataan. Jokaisen hahmon Korkeampi
Itse toimii pelaajana ja sen inkarnoitunut ihmishahmo on
pelihahmo. Pelin tarkoituksena on saada hahmo teke-
mään mahdollisimman monta "hyvää" valintaa eli valin-
taa, joka veisi sitä lähemmäksi Alkulähdettä. Mutta "hy-
vien" valintojen tekeminen on vaikeaa, koska pelissä
näyttää olevan vain "huonoja" valintoja. "Hyvät" on pii-
lotettu, mutta ne ovat kuitenkin olemassa. Mikäli hahmo
onnistuu pelissään niin hyvin, että hän tekee lopulta vain
"oikeita" valintoja, hän on voittaja eikä hänen tarvitse
enää osallistua peliin. Hän on valaistunut. Mutta kukaan
ei kuitenkaan ole vielä pystynyt siihen.
Mikäli hän valitsee "väärin", toisin sanoen ei ole pystynyt
ohittamaan egon ajatusjärjestelmää, hän "kuolee" pelin
lopussa. Korkeampi Itse luo uuden hahmon "kuolleen"

tilalle ja laittaa hänet uudestaan peliin mukaan, kuitenkin siten, että hahmolla on kaikki sen aikaisemmista pelikerroista saatu osaaminen mukanaan. Silloin hänellä on mahdollisuus edetä pidemmälle pelin seuraavalla kierroksella. Valitettavasti pelin säännöt on laadittu siten, että hahmo ei koskaan pääse loppuun asti, vaikka hänelle annetaan siihen toivoa ja näennäinen mahdollisuus. Näin ollen peli voi jatkua periaatteessa jopa ikuisesti.

Yksi ero tietokonepelin ja tämän todellisuuden pelin välillä saattaa olla. Tässä pelissä hahmolla on vapaa tahto, mitä tietokonepelin hahmolla ei välttämättä ole. Vapaa tahto antaa hahmolle todellisen mahdollisuuden itse päättää, mikä on oikea valinta kussakin pelitilanteessa. Pelaaja ei voi tehdä valintoja hahmon puolesta, vaikka sillä olisi siihen tietysti mahdollisuus. Eikä Korkeampi Itse koskaan huijaa pelissä, toisin kuin tietokonepelissä pelaaja saattaa turhautua hahmon huonoihin suorituksiin ja tekee hahmon puolesta dramaattisia ratkaisuja.

Nyt olemme tulleet tilanteeseen, jossa peli tässä todellisuudessa ja näillä säännöillä on päätetty lopettaa. Voitaisiin sanoa, että peli on mennyt "likaiseksi", koska ulkopuoliset vaikuttajat ovat lisänneet joukon omia sääntöjään alun perin viattomaksi suunniteltuun peliin. Näin ollen alkuperäiset pelin luojat ovat päättäneet saattaa pelin päätökseen. Pelin loppuminen tapahtuu siten, että kaikista pelissä mukana olevista hahmoista tulee voittajia, joiden ei enää tarvitse pelata peliä. Väärät säännöt tulevat ilmi ja peli loppuu.

Jotta peli tässä kolmiulotteisen todellisuuden oikeassa pelissä saadaan lopetettua, koko pelin sääntöjä on muutettu. Nyt juuri tällä hetkellä jokaisella hahmolla on oikea mahdollisuus päästä voittajaksi, toisin sanoen kehittyä pelissä niin hyväksi, että hänestä tulee voittaja. Eikä hänen enää tarvitse pelata. Muutos tapahtuu siten, että pelin maailmaan syötetään ulkopuolelta uudenlaista, myötätuntoista energiaa, joka helpottaa hahmoja tekemään oikeita valintoja. Hahmoilla on vielä hyvää aikaa pelata ja tehdä oikeita valintoja. Ja tällä kertaa pelaaja pyrkii auttamaan hahmoja kaikin mahdollisin keinoin, lukuun ottamatta valintojen tekemistä. Toki se on tehnyt sitä aikaisemminkin, mutta tiheän, läpinäkymättömän ja negatiivisen energian takia hahmot eivät ole pystyneet kuulemaan ohjausta. Kun peliaika päättyy, vielä pelikentällä olevat hahmot siirtyvät toiseen kolmiulotteiseen peliin, jossa he saavuttavat voittamisen tilan nopeutetussa aikataulussa. Tässä pelissä ei enää ole häviäjiä.

Voittajiksi itsensä pelanneet hahmot palaavat takaisin Korkeamman Itsensä luokse korkeampaan tietoisuuteen. Silloin heillä on taas rajattomat mahdollisuudet osallistua mihin tahansa peliin missä päin tahansa maailmankaikkeutta.

Mitä meidän pitäisi oppia tästä vertauksesta? Ehkä helpoimmin hyväksyttävä asia on se, ettemme todellakaan ole vain oma kehomme. Jos oivallamme sen tosiasian, että olemme yhtä Korkeamman Itsemme kanssa, voimme alkaa pitää itseämme **Pelaajana**, eikä hahmona, joka on pelin sisällä tietämättä, miksi hän on siellä. Toinen asia on se, että voimme itse omien valintojemme avulla päästä pois tästä pelistä. Tosiasiassa meillä ei ole muuta mahdollisuutta, kuin oppia valitsemaan oikein. Oikein valitsemalla teemme jokaisessa tilanteessa ratkaisun, joka lähtee perustaltaan Rakkaudesta. Emme tarvitse siihen varsinaisesti kenenkään apua. Vain oivallus siitä, että pelon, syyllisyyden, vihan jne. ajatukset ja tunteet eivät vie meitä pelissä eteenpäin. Osa meistä on pelannut tätä peliä satoja tai tuhansia kertoja. Voisi kuvitella, että tuon kokenut tietoisuus on jo lopen kyllästynyt pelaamaan samaa peliä uudestaan ja uudestaan. Kolmantena asiana on se, että meitä autetaan tällä kertaa monin verroin enemmän kuin aikaisemmin. Meidän on nyt herättävä havaitsemaan saatavilla oleva apu.

8. TIETOISUUDEN TOIMINTA

Tässä osassa tarkastellaan tietoisuuden toimintaa, tehtäviä, suhdetta luomiseen ja valintoihin sekä tunteisiin ja aikakäsitteeseen.

TIETOISUUDEN KAKSI TEHTÄVÄÄ

Tietoisuus on olemassa, mutta se ei ole "mitään". Tietoisuudessa ei lähtökohtaisesti ole sisältöä. Tietoisuus on perustilassaan täysin tyhjä. Kun tietoisuus on luotu, se ei vielä sisällä mitään. Tietoisuuden sisällä on kuitenkin osa Alkulähteen valosta, mikä antaa tietoisuudelle kyvyn ajatella. Ajatuksen avulla tietoisuus luo omaa todellisuuttaan. Tuo todellisuus sijaitsee tietoisuuden sisällä. Kun ajatus on syntynyt ja sen mukainen todellisuus on luotu tietoisuuden sisälle, tietoisuus heijastaa todellisuutensa itsensä ulkopuolelle. Tietoisuus siis luo ulkoisen todellisuutensa luomalla ensin todellisuuden itsensä sisälle ja heijastamalla sen ulkopuolelleen. Tämä on ensimmäinen tietoisuuden kahdesta tehtävästä.

Ajatustensa seurauksena syntyvä todellisuus alkaa muokata tietoisuuden "sisintä". Tietoisuuden "sisin" on se Alkulähteestä siirtynyt osa, joka kiinnittää sen osaksi Alkulähdettä. Tietoisuuden ajatteluun vaikuttaa se, miten korkealla tasolla eli tiheyden tasolla tietoisuus toimii. Mitä korkeammalla tiheyden tasolla tietoisuus sijaitsee, sitä rakkaudellisempia sen ajatukset ovat. Sitä lähempänä se on itse Alkulähdettä. Toisaalta mitä kauempana tietoisuus on Alkulähteestä, toisin sanoen sen energia värähtelee alemmalla tasolla, sitä enemmän sen ajatukset sisältävät muutakin kuin pelkkää rakkautta. Täällä kolmannen tiheyden tasolla, meidän tietoisuutemme sisältää paljon negatiivisia ajatuksia, kuten pelkoa, vihaa, syyllisyyttä, anteeksiantamattomuutta jne. Niinpä ajatuksemme ovat muokanneet tietoisuutta niin paljon, että sen sisin sisältää vain vähän rakkautta. Ja koska siellä on niin vähän rakkautta, tietoisuus värähtelee sangen alhaisella tasolla.

Tästä pääsemme tietoisuuden toiseen tehtävään. Tietoisuuden tarkoituksena on pelkästään olla. Sen sisin vain on. Se ei tee mitään. Se toimii täysin päinvastoin kuin ego, joka on hallitseva mielessämme oleva ajatusjärjestelmä. Ego pyrkii aina tekemään jotain ja sen kautta saavuttamaan haluamaansa. Mutta tekemisen kautta tietoisuuden tilaa ei voida muuttaa. Tietoisuus heijastaa sisintään ulospäin, näin se tekee luomistyötään. Meidän tietoisuutemme sisin on sangen negatiivinen, sen takia me heijastamme negatiivisuutta ympäristöömme ja vedämme samanlaista negatiivisuutta itseemme. Koemme aina sitä, minkä heijastamme itsestämme eli tietoisuudestamme ulospäin. Tietoisuuden sisimpään osaan ei voi suoraan vaikuttaa. Sisin muuttuu vain ajatusten muutosten seurauksena. Mitä enemmän pystymme ajattelemaan rakkaudesta lähtöisin olevia ajatuksia, sitä enemmän muutamme tietoisuuttamme kohti rakkautta. Ja sitä enemmän heijastamme rakkautta ulospäin. Ja sitä enemmän vedämme rakkaudellisia kokemuksia itseemme päin. Ja negatiivisten ajatusten määrä ja niiden aiheuttamat kokemukset vähenevät tietoisuuden sisimmästä, mikä nostaa tietoisuuden värähtelytasoa. Vähentämällä negatiivisia ajatuksia ja lisäämällä rakkaudesta lähtöisin olevia ajatuksia tietoisuutemme värähtelytaso nousee ja tietoisuus nousee ylemmäs ja laajenee. Värähtelytason noustessa tietoisuus alkaa kohota kohti seuraavaa tiheyden tasoa. Seuraava tiheyden taso muuttaa tietoisuuden sisintä kohti suurempaa rakkautta ja lisää tietoa ja viisautta Alkulähteen ja olemassaolon kysymyksistä.

TIETOISUUDEN OLEMISEN TILAN VAIKUTUS

Riippumatta siitä, mitä eri uskonnot – tai mitkään muut uskomusjärjestelmät - väittävät, jokainen ihminen luo oman todellisuutensa, jossa hän elää. Ihminen luo todellisuutensa sen perusteella, mitä hänen tietoisuudessaan on. Se, mitä ihmisen sisimmissä eli tietoisuudessa on olemassa, määrittelee, minkälaisena todellisuus hänelle näyttäytyy. Vielä tarkemmin sanottuna, tietoisuuden olemisen tila määrittelee todellisuuden. Tuo olemisen tilan sisältö määräytyy sen mukaan, minkälaisia valintoja ihminen on elämiensä aikana tehnyt. Jokainen valinta lisää tietoisuuteen joko rakkautta tai pelkoa. Jos ihminen valitsisi joka kerran vähänkään merkittävässä elämäntilanteessa vaihtoehdon, joka veisi häntä lähemmäksi Alkulähdettä, tietoisuuteen olisi kerääntynyt suuri joukko Rakkaudesta lähtöisin olevia ajatuksia. Rakkaudesta lähtöisin olevia ajatuksia ovat mm. anteeksiantaminen, myötätunto, hyväksyminen, arvostelemattomuus, ilo, ymmärtäminen jne. Mitä enemmän ihminen hyväksyy mieleensä Rakkaudesta lähtöisin olevia ajatuksia, sitä enemmän tietoisuuden olemisen tila sisältää rakkautta, onnellisuutta ja iloa. Tuo tietoisuuden olemisen, tässä esimerkissä pitkälti rakkauden täyttämä tila heijastuu ihmisestä ulospäin hänen ympäristöönsä. Ihminen ei itse voi nähdä tuota heijastamaansa energiaa, mutta hän havaitsee ympäristönsä, todellisuutensa muuttuvan myötätuntoisemmaksi, hyväksyvämmäksi ja iloisemmaksi. Ja toisaalta hän voi myös havaita, ettei todellisuuteen näytä kuuluvan negatiiviset ihmiset, sairaudet, vastoinkäymiset eikä muutkaan elämän varjopuolet ja sattumukset siinä määrin kuin aikaisemmin. Ihminen ei siis voi itse tietoisesti hallita tuota sydämessä olevan tietoisuuden tilaa. Tietoisuuden tilan muuttuminen tapahtuu omien ajatusten valitsemisen kautta. Ihminen ei ole vastuussa siitä, mitä ajatuksia hänen mieleensä tulee, mutta on vastuussa siitä, mitä hänen mieleensä jää. Juuri ne mieleen jäävät ajatukset, jotka hautautuvat mielen tiedostamattomaan osaan, heijastuvat ulospäin muokaten todellisuutta, jonka ihminen havaitsee.

TIETOISUUS LUO TODELLISUUDEN

Useimmille ihmisille kaikki muu, paitsi omassa, konkreettisessa todellisuudessa olevat asiat, ovat sangen vaikeita ymmärtää. Useimmat maapallolla asustavat ihmiset samaistuvat omaan kehoonsa. Heidän näkökulmastaan katsottuna he ovat yhtä kuin kehonsa, ja pitävät sitä kaikkein tärkeimpänä. Ihmisten mielestä keho ohjaa mieltä. Heidän mielestään aivot ohjaavat kehon toimintoja ja mikäli ihmisellä on jokin sellainen tila kuin tietoisuus, se syntyy aivoissa. Heidän mielestään mieli on osa aivoja ja se saa jatkuvasti impulsseja kehon ulkopuolelta, joita aivot ja mieli sitten prosessoivat. Se mitä keholle tapahtuu, vaikuttaa ja ohjaa mieltä. Tunteet syntyvät kehon toiminnan seurauksena, mieli tuntee tunteet ja toimii sen perusteella. Ihminen ajattelee, että maailma on kehon ulkopuolella ja vaikuttaa sitä kautta kehoon ja mieleen. Ihminen reagoi ulkopuolelta tulleisiin herätteisiin ja käyttäytyy sitten oman tulkintansa mukaisesti. Tämä saa aikaan ajatuksen, että nuo muut ihmiset ja tapahtumat hallitsevat ihmisen elämää ja hän on alisteinen ulkopuolisille tekijöille. Siispä on helppo nähdä toinen ihminen syypäänä siihen, jos itsellä on asiat huonosti. "Kaikki olisi paremmin, jos muut vain tekisivät, kuten minä haluan." Silloin ulkopuolinen maailma toimisi siten, kun on minun mielestäni parasta. Minä olisin kenties jopa onnellinen. Olen siis riippuvainen ulkopuolisista tekijöistä, jos haluan olla onnellinen. Näinhän asiat näyttävät nyt olevan.

Yleinen käsitys on, että ihmiset ovat erilaisia ja täysin eril-
lisiä toisistaan. Jokainen on ainutlaatuinen yksilö, joka
elää elämänsä maapallolla ja tuon elämän jälkeisestä
ajasta sillä ei juuri ole mitään käsitystä. Ihmiset ovat elä-
neet maapallolla noin 250 000 vuotta. Olemassaolon alku-
aikoina ihmisten tietoisuus oli itse asiassa paljon laajempi
kuin tällä hetkellä ja heillä oli huomattavasti parempi yh-
teys omaan Korkeampaan Itseensä kuin nykyään. Ihmiset
ovat viimeiset 26 000 vuotta eläneet ns. hengissä selviämi-
sen olotilassa, jossa negatiivisuus ja pimeys ovat hallin-
neet ihmisten mieliä. Ihmiset ovat unohtaneet yhteytensä
Alkulähteeseen ja ovat sotineet keskenään läpi historian.
Ei siis ihme, että käsitys oman kehon merkityksestä on lu-
jasti juurtunut ihmisten mieliin.

Kaikki on kuitenkin täysin päinvastoin kuin mitä ihmiset
asiasta ajattelevat. Ihmisen toimintaan vaikuttaa pääsään-
töisesti kaksi asiaa: mieli ja keho. Mieli on osa tietoisuutta
ja tietoisuus on luonut kehon. Tietoisuus luo kaiken, mikä
näkyy ympärillämme. Ihminen näkee ulkopuolisen maail-
man sen mukaisesti, mitä sen sisin heijastaa ulospäin. Si-
sin, jonka sanotaan olevan sydämessä (sydänchakra eli
energiakeskus), on tietoisuuden olemisen tila. Tuo tila oh-
jaa mieltä ja kehoa ja määrää, mitä ihmisen ulkopuolella
näyttää ja mitä siinä näyttää tapahtuvan. Tuo tila on yh-
teydessä muihin saman "luomisketjun" tietoisuuksiin,
jotka ovat lähtöisin samasta ylisielusta ja asustavat ylem-
millä tietoisuuden tasoilla ja niiden mukaisissa todelli-
suuksissa. Kuten aikaisemmin on todettu, ihmiset ovat
unohtaneet olevansa mahtavia henkiolentoja, joilla on
mahtavat luomisvoimat. Kun he ovat tulleet maapallolle,

heidän tietoisuutensa on "kutistettu" sen kokoiseksi, että sillä on mahdollisuus toimia niin ahtaassa todellisuudessa kuin maapallolla vallitsee. Tietoisuus on kuitenkin koko ajan yhteydessä ylempiin tietoisuuksiin, jotta kokemusten tulokset voivat välittömästi siirtyä "ylöspäin" aina yli-sielutasolle saakka. Ja toisaalta ylemmistä tietoisuuksista tuleva ohjaus ja apu voidaan kanavoida tietoisuuteen, mikäli ihminen niin haluaa ja on valmis ottamaan apua vastaan. Mitä ihmiset eivät todellakaan aina halua tehdä. Ihmisen inkarnaation aikaisessa tietoisuudessa on muisti-kuva niistä aikaisempien valintojen vielä tapahtumatto-mista seurauksista ja ne osaltaan ohjaavat mieltä havaitse-maan ulkomaailman sellaisena kuin muistikuvat edellyt-tävät.

Ylemmissä tietoisuuden tasoissa asustavat henkiolennot pystyvät luomaan todellisuutensa huomattavasti nope-ammin kuin kolmannen tiheyden ihminen. Ihminenhän asuu kaikkein alhaisimmalla tietoisuuden tasolla. Ylem-millä tasoilla henkiolento voi luoda mitä tahansa, siis kir-jaimellisesti mitä tahansa. Luominen tapahtuu **keskittä-mällä** ajatus johonkin kohteeseen ja tuo kohde toteutuu välittömästi.

Toinen keskeinen tekijä, joka vaikuttaa siihen, miten ihmi-nen kokee maailman, on mielen ajatusjärjestelmä eli ego. Egon tehtävänä on pitää keho hengissä. Ego on sangen monimutkainen ajatusmalli, jossa asustavat kaikki nega-tiiviset ajatukset, joita tarvitaan elämän aikaisten koke-musten työstämisessä. Yleensä ihmiset ovat eläneet egon ajatusmallin ohjauksessa monien inkarnaatioiden ajan ja siksi heidän tietoisuuksiinsa on kerääntynyt suuri määrä negatiivisia uskomuksia, käsityksiä ja ajatuksia. Sen seurauksena he näkevät ulkopuolisen maailman usein vihan, pelon, tuomitsemisen, kateuden, anteeksiantamattomuuden, kaunan ja kaikkien muiden haitallisten tunnetilojen kautta. On selvää, että jos ihmisen sisimmässä on noinkin paljon negatiivisuutta, tuo tila heijastuu hänestä hänen ympäristöönsä. Juuri tässä kohtaa tapahtuu tuo väärinkäsitys. Ei ulkomaailma ole sinänsä paha eikä hyvä. Kaikki riippuu siitä, miten ihminen sen näkee ja tulkitsee. Jos ihminen heijastaa itsestään negatiivisuutta ympäristöönsä, ympäristö reagoi siihen. Ihmisen negatiiviset ajatukset luovat negatiivista energiaa, joka vetää puoleensa sellaisia ihmisiä tai kokemuksia, jotka vastaavat tuon ihmisen energiatasoa. Jos ihminen lähettää ulospäin negatiivista energiaa, se saa negatiivista energiaa takaisin. Jos ihminen tuntee vihaa ja aggressioita, hän joutuu usein tilanteisiin, jossa tulee vastaan tapahtumia ja ihmisiä, joihin tuota vihaa tai aggressiota voi kohdistaa. Tällainen vuorovaikutus tarkoittaa, että sinun sisimpäsi on SYY ja ulkopuoliset tapahtumat ovat sen SEURAUS. Siis päinvastoin kuin nyt ajatellaan. Ajatellaan, että ulkopuolella olevat ihmiset, teot, tapahtumat jne. tapahtuvat ikään kuin ihmisestä huolimatta ja hän altistuu noille asioille ja yrittää sitten pärjätä niiden kanssa. Ihminen on ikään kuin ulkopuolisen maailman uhri. On siis helppo ajatella, että on TOISTEN SYY, jos minulle tapahtuu ikäviä asioita. Kun sen sijaan SINÄ ITSE vedät puoleesi näitä asioita, koska kohtaamasi ihmisten ja tapahtumien energiat vastaavat sisimpäsi ulospäin heijastamaa energiaa.

Maailmankaikkeudessa on eräs totuus, jonka mukaan *minkä annat, sen saat takaisin.* Jos annat itsestäsi ulospäin rakkautta, saat takaisin rakkautta. Jos annat itsestäsi ulospäin vihaa, saat takaisin vihaa.

TIETOISUUS JA VAPAA TAHTO

Voitaisiin kysyä, miksi Korkeampi Itse ei auta ihmistä pääsemään eroon egon hallinnasta? Sillä on siihen todellakin mahdollisuus. Tähän vaikuttaa keskeisesti eräs maailmankaikkeuden peruslainalaisuuksista. Jokaisella maailmankaikkeudessa asustavalla tietoisuudella, niin kuin myös maapallolla elävän ihmisen tietoisuudella, on vapaa tahto. Vapaan tahdon merkitys on siinä, että se varmistaa, että ihminen voi ja saa tehdä oman valintansa kussakin valintatilanteessa. Itse asiassa ihmisellä ei ole muuta vaihtoehtoa kuin tehdä oma valintansa. Kukaan ei voi valita hänen puolestaan. Ei myöskään Korkeampi Itse eikä Alkulähde. Vaikka ylisieluksi kutsumamme ilmentymä on luonut maapallolle inkarnoituneen tietoisuuden, se ei voi tehdä tämän puolesta yhtään valintaa. Tietoisuuden on tehtävä omat valintansa siinä todellisuudessa ja ulottuvuudessa, jossa se elää. Tämä on erittäin tärkeä oivaltaa. Kukaan ihmisen ulkopuolella oleva ei voi tulla ja valita hänen puolestaan, jotta hänen ei tarvitsisi valita. Mikäli joku toinen tekisi valinnan hänen puolestaan, silloin tämän toisen tahto kumoaisi tuon ihmisen tahdon. Ihmisen on siis otettava vastuu omista ajatuksistaan. Mikäli ihminen ei etsi pelastusta kolmiulotteisen maailman kurjuudesta, hän voi pyytää apua Korkeammalta Itseltään. Mikäli Korkeampi Itse ikään kuin pelastaisi ihmisen, tulisi hänen elämäänsä hänen ulkopuoleltaan jokin "pelastava" asia, jota hän ei ole valinnut. Ihminen antaisi näin kaiken vallan omasta elämästään itsensä ulkopuolelle. Ihminen etsii kuumeisesti pelastajaa. Mutta Korkeampi Itsesi ei ihmistä "pelasta", vaikka hän sitä miten pyytäisi. Sen sijaan se auttaa ihmistä pelastamaan itse itsensä. Auttamalla, ohjaamalla, kannustamalla ja Rakkauden avulla se kannustaa ihmistä tekemään sellaisia valintoja, jotka vievät häntä lähemmäksi Alkulähdettä ja Yhdistynyttä Tietoisuutta.

Jokainen ihmisen tekemä valinta muokkaa hänen havaitsemaansa todellisuutta. Miten oman todellisuuden luominen oikein tapahtuu? Voimme tarkastella sitä maailmankaikkeuden lakien perusteella ja toisaalta yhden ihmisen näkökulmasta.

Jokainen maailmankaikkeuden henkiolento, ihminen mukaanluettuna, asustaa tietoisuudessa, joka vastaa sen omaa värähtelytasoa. Maapallolla asustavat värähtelevät kolmannessa tiheydessä ja toimivat siten sen tiheyden sallimassa todellisuudessa. Tuota todellisuutta rajoittavat sen ulottuvuudet. Ihmisten todellisuutta rajoittavat kolmiulotteisuuden rajoitukset. Kolmiulotteiseen todellisuuteen kuuluvat sellaiset käsitteet kuin pituus/leveys/korkeus -dimensiot, aika, paikka, painovoima, valonnopeus, auringon nousu ja lasku ja niin edelleen. Nämä käsitteet rajoittavat sitä, mitä maailmassa tapahtuu tai mitä ihminen voi tehdä omassa todellisuudessaan. Ihminen tekee valintojaan tämän kolmiulotteisen todellisuuden sisällä. Ihmisen vapaa tahto toimii niin ikään kolmiulotteisen todellisuuden rajoissa. Toisin sanoen, vaikka ihminen tahtoisi jotakin asiaa, miten paljon tahansa, hän ei saa sitä todelliseksi, mikäli se on ristiriidassa kolmiulotteisen maailman rajoitusten kanssa. Ihminen ei voi esimerkiksi saada aikaan sitä, että pystyisi itse liikkumaan valoa nopeammin tai voisi kumota painovoiman rajoitukset.

Maailmankaikkeuden näkökulmasta luomisella on tiettyjä perusominaisuuksia. Tässä maailmassa työskentelevät fyysikotkin alkavat ymmärtää kvanttifysiikkaa niin paljon, että ovat pystyneet tieteellisesti todistamaan perusteet sille, miten luominen tapahtuu. Maailmankaikkeudessa kaikki on olemassa samanaikaisesti ja toisaalta mitään ei olemassa. Kaikki "aine", mitä maailmankaikkeudessa on olemassa, esiintyy aaltomaisessa muodossa, josta ei voi erottaa mitään erityistä muotoa. Mutta siinä on kuitenkin kaikki. Se, miten siitä saadaan näkyviin jotakin osia, tapahtuu silloin, kun sitä tarkkaillaan. Tarvitaan siis tarkkailija tai havainnoija, joka tarkastelee aaltomaisessa muodossa olevia fotoneja eli valon alkioita. Kun havainnoija tarkkailee, fotonit muuttuvat hiukkasiksi, joista muodostuu enemmän tai vähemmän fyysinen muoto. Sitten kun havainnoija ei enää tarkkaile noita hiukkasia, ne muuttuvat takaisin aaltomaisessa muodossa oleviksi fotoneiksi. Havainnoija saa siis näkyviin jonkin osan fotoneista, mutta miten määritellään, mitä havainnoija saa näkyviin, kun se tarkkailee tuota "kosmista keitosta"? Ensinnäkin tuo havainnoija on tietoisuus. Tietoisuus saa

74

aikaan sen, että fotonit muuttuvat hiukkasiksi ja nämä hiukkaset muuntuvat näkyviksi. Tätä maailmankaikkeuden periaatetta sovelletaan tietysti myös ihmisen toimintaan maapallolla. Ihminen on tietoisuus, joka on luonut itselleen kehon voidakseen sen kautta saada haluamiaan kokemuksia. Tietoisuus siis ohjaa ihmistä. Kaikki ihmisen ajatukset sijaitsevat tietoisuuden sisällä olevassa mielessä. Kun tietoisuus ajattelee ajatuksia, nuo ajatukset toimivat havainnoijana, jotka tuovat esiin sellaisen joukon hiukkasia, jotka vastaavat tuon ajatuksen sisältöä. Hiukkasista muodostuu kaikki aineellinen maapallolla. Ihminen ei kuitenkaan havaitse tuota aineellista sisältöä, ennen kuin ihmisen tietoisuus ajattelee sitä ja saa sitä kautta sen näkyväksi, fyysiseksi maailmaksi. Vaikka fyysinen maailma näyttää olevan koko ajan olemassa, yhden ihmisen eli havainnoijan näkökulmasta katsottuna, sitä ei enää ole olemassa sen jälkeen, kun ihminen lakkaa havainnoimasta sitä. Kun ihminen katsoo ikkunasta ulos, hän näkee ulkopuolella olevan maiseman. Kun hän kääntää katseensa pois, tuo maisema häviää, eikä ole enää ikään kuin "olemassa". Se on olemassa, mutta koska tuo havainnoija ei sitä juuri sillä hetkellä tarkkaile, se ei ole enää havaittavissa. Heti kun hän katsoo sitä uudestaan, se palautuu välittömästi.

Toinen maailmankaikkeuden toimintaan liittyvä ominaisuus on todennäköisyys. Tämä tarkoittaa sitä, että todellisuus näyttäytyy havainnoijalle todennäköisyyksien mukaan. Kuten aikaisemmin todettiin, maailmankaikkeudessa on kaikki ja samalla ei mitään. Havainnoija saa näkyviin vain sen, mitä havainnoijan tietoisuus omilla ajatuksillaan luo näkyviin. Ajatus luo. Tietoisuus ajattelee. Tuolloin voidaan siis sanoa, että tietoisuus saa näkyviin sellaista näkyvää todellisuutta, joka vastaa sen ajatusten sisältöä. Tietoisuudella on varaa valita lukemattomista vaihtoehdoista. Kun tietoisuus haluaa jonkin asian, tapahtuman tai ihmisen näkyviin fyysiseksi muodoksi, sillä on lukemattomia vaihtoehtoja, mistä valita. Tämä johtuu siitä, että kaikki on jo tapahtunut. Maapallolla elävien ihmisten on tietysti vaikea yrittää ymmärtää tällaista konseptia, koska ihmiset elävät maailmassa, jossa aika käsitetään peräkkäisinä tapahtuma. Mutta muualla ei näin ole. Siis kaikki vaihtoehdot, joista tietoisuus voi valita itselleen sopivan, ovat jo tapahtuneet. Ja koska ne ovat jo tapahtuneet ja kaikki tapahtumien vaihtoehdot ovat valittavissa, tietoisuus valitsee näistä sen, mikä vastaa parhaiten sen ajatusta. Todennäköisyys-käsite tulee vastaan, kun tietoisuus valitsee (automaattisesti) ajatuksensa mukaisen todellisuuden. Tietoisuus sisältää kaikki ne uskomukset, totuudet ja ajatukset, jotka tietoisuus on matkansa aikana itselleen kerännyt. Tietoisuudessa saattaa olla vaikeitakin kokemuksia ja niistä syntyneitä uskomuksia, totuuksia ja ajatuksia. Ne muovaavat tietoisuuden tilaa siten, että tietoisuus valitsee näitä kokemuksia vastaavissa tai muistuttavissa tilanteissa sellaisia ajatuksia, joita se oli oppinut valitsemaan aikaisemmin. Esimerkiksi pelkoa, syyllisyyttä, kenties vihaa tai katkeruutta. Toisaalta positiivisten kokemusten kautta tietoisuus liittää niihin ilon, onnellisuuden tai anteeksiantamisen ajatuksia, uskomuksia ja totuuksia. Näin ollen on **todennäköistä**, että tietoisuus tietyssä tilanteessa ajattelee oppimansa ajatuksen, ja sen perusteella saa näkyviin sellaisen todellisuuden, joka vastaa tuota ajatusta. Se siis valitsee niistä lukemattomista vaihtoehdoista sen, mikä parhaiten vastaa sen omaa ajatusta. Tuo todennäköisyys on siis määritelty sen mukaan, miten tietoisuus on aikaisemmin valinnut vastaavanlaisissa tilanteissa. Huonojen kokemusten seurauksena on todennäköisempää, että tietoisuuden lähes automaattinen valinta on se, mikä se on ollut aikaisemminkin. Tuo vaihtoehto saa siis kaikkein **suurimman mahdollisuuden** toteutua. Toiset vähemmän todennäköiset vaihtoehdot saavat vastaavasti vähäisemmän mahdollisuuden toteutua.

Mutta tietoisuudella on vapaa tahto. Tietoisuus voi siis valita jonkin toisenkin vaihtoehdon, kuin sen kaikkein suurimman toteutusmahdollisuuden omaavan vaihtoehdon. Mikäli tietoisuus on onnistunut käsittelemään aikaisempia huonoja kokemuksiaan siten, että kokemukset eivät enää automaattisesti johda entisiin pelosta johtuviin ajatuksiin, sillä on mahdollisuus sallia muidenkin ajatusten tulla sen mieleen. Ajatusten, jotka eivät ole enää pelosta lähtöisin. Hän on saattanut jo hyväksyä tapahtuneen ja antaa anteeksi, jolloin on mahdollista kohdata tuleva tilanne jonkin toisen ajatuksen voimalla. Anteeksiantamisen ajatus on siis mahdollinen, vaikka sen todennäköisyys on vielä pienempi kuin tuo pelon ajatus. Mutta jos tietoisuus valitsee tuon vähemmän todennäköisen anteeksiantamisen ajatuksen, se luo itselleen erilaisen todellisuuden kuin mitä aikaisemmin lasketut todennäköisyydet ennustivat. Tällä tavalla tietoisuudella on mahdollisuus muuttaa todellisuuttaan valitsemalla uudestaan.

VALINTOJEN TEKEMINEN

Ihminen tekee päivittäin lukemattomia valintoja eri tilanteissa. Tärkeimmät valinnat tehdään vuorovaikutuksessa toisten ihmisten kanssa. Miten ihminen suhtautuu toisiin ihmisiin, määrittää suurelta osin, minkälaista hänen elämänsä tulee olemaan. Valintoja ohjaavat ajatukset ja niihin liittyvät tunnetilat. Ajatuksista ja tunteista syntyy uskomuksia, jotka määräävät tavan suhtautua ulkomaailman asioihin. Tunteet saavat aikaan toimintaa, tekemistä ja käyttäytymistä. Egon ajatusjärjestelmän ansiosta mieli on oppinut tekemään paljon valintoja automaattisesti. Tämä tarkoittaa, että ajatukset ja tunteet liittyvät toisiinsa niin nopeasti että ihmisellä ei ole mahdollisuutta tietoisesti tarkkailla ajatusta ja mahdollisesti muuttaa sitä, ennen kuin se on jo saanut aikaan tietyn tunnetilan. Tämä on egon toiminnan vahvuus. Kaikki automatisoidaan niin paljon kuin mahdollista, ettei tietoisella mielellä ole juuri mahdollisuutta vaikuttaa ajatusprosessiin.

Jos ego hallitsee noin voimakkaasti mielen toimintaa, miten Rakkautta kohti vieviä ajatuksia voi edes valita? Mielessä, joka siis on osa tietoisuutta, on olemassa toiminto, jonka nimi on "Valitsija-Tarkkailija". Tämä on tärkeä toiminto vapaan tahdon toteutumisen näkökulmasta. Jos egon ajatusjärjestelmä automatisoisi kaiken toiminnan, ei olisi enää, mistä valita mitään muuta. Valitsija-Tarkkailija on se, joka viime kädessä päättää, minkä ajatuksen tietoinen mieli toteuttaa. Egon ajatusjärjestelmä puskee loputtomasti ajatuksia, joista suuri osa on niin automatisoituja, ettei Valitsija-Tarkkailija ehdi tarkastamaan, onko ajatus toteutettava vai ei. Se meni ohitse ja lähti antamaan aivoille käskyjä toteuttaa saatu tehtävä. Jos ihminen pystyy kuuntelemaan ja tarkkailemaan ajatuksiaan, se antaa samalla Valitsija-Tarkkailijalle mahdollisuuden tarkastaa, onko tuo ajatus sellainen, jonka ihminen haluaa toteuttaa. Valitsija-Tarkkailija on siis se, joka tekee valinnan. Voidaan ajatella, että Valitsija-Tarkkailijalle tulee ajatuksia kahta kanavaa pitkin: egon ajatusjärjestelmästä ja Korkeammalta Itseltä. Valitsija-Tarkkailija valitsee, kumman kanavan kautta tulevaa ajatusta se lähtee toteuttamaan. Tämä on se kriittinen kohta, jossa on mahdollisuus valita toisin. Jos ihmisellä on edes pieni halukkuus ottaa vastaan apua Korkeammalta Itseltään, hänellä on mahdollisuus jättää valitsematta egon tarjoama negatiivinen ajatus ja valita sen sijaan ajatus, joka vie kohti Rakkautta. Usein ei edes tarvitse valita Rakkautta kohti vievää ajatusta, koska ihminen ei aina tiedä, mikä on oikea ajatus juuri tuossa kohtaa. Riittää kun Valitsija-Tarkkailija tekee päätöksen "en valitse tuota (egon) ajatusta, valitsen toisin". Jokainen tällainen päätös vie kohti Rakkautta ja vähentää egon valtaa ajatuksissa.

Millä perusteella Valitsija-Tarkkailija tekee päätöksensä? Toteuttamispäätöstä kaipaavia ajatuksia syntyy jatkuvasti. Tyypillisesti valtaosa tulee egon ajatusjärjestelmästä ja pieni osa sisäisenä äänenä Korkeammalta Itseltä. Valitsija-Tarkkailijan työtä ohjaa ihmisen tietoisuus. Mitä enemmän tietoisuus on egon ajatusjärjestelmän vaikutuksen alaisena, sitä enemmän se ohjaa Valitsija-Tarkkailijaa valitsemaan egon tarjoamia ajatuksia. Mitä enemmän tietoisuus on halukas kuuntelemaan ja valitsemaan Korkeamman Itsen tarjoamia ajatuksia ja ohjausta, sitä enemmän Valitsija-Tarkkailijalla on mahdollisuus valita sitä tukeva ajatus. Tietoisuuden tila heijastuu siihen, miten ajatukset valitaan. Tietoisuuden tilan muuttaminen vaatii tinkimätöntä ja rehellistä työtä. Mieleen tulevia ajatuksia on syytä tarkkailla ja tutkia parhaansa mukaan, tuleeko ajatus egon ajatusjärjestelmästä vai tuleeko se Korkeammalta Itseltä. Vähitellen ajatusten lähteet osataan erottaa toisistaan. Mikäli ajatus aiheuttaa ilon, onnellisuuden, hyväksymisen tai anteeksiannon tunteita, se on varmasti lähtöisin Korkeammalta Itseltäsi. Mikäli ajatukseen liittyy ahdistusta, pelkoa, vihaa, tuomitsemista, anteeksiantamattomuutta, kateutta jne., se on lähtöisin egosta. Korkeampi Itsesi ei koskaan lähetä negatiivisia ajatuksia. Sen ääni on alussa erittäin hiljainen. Se ei koskaan kilpaile ihmisen huomiosta. Mikäli mieli on täynnä "hälinää", sisäisen äänen kuuleminen on vaikeaa. Sen takia on tärkeää harjoittaa mielen tyyneyttä, koska se helpottaa sisäisen äänen kuulemista. Mitä enemmän sitä kuulee, sitä enemmän se voimistuu ja kuunteleminen taas helpottuu.

TIETOISUUS JA TUNTEET

Tietoisuudella on kyky ajatella. Ajatukset muodostavat uskomuksia ja käsityksiä ja siten muokkaavat tietoisuuden sisintä. Ajatuksen tai ajatusjoukon muodostama uskomus saavat aikaan tunteita. Tunne puolestaan saa aikaan toimintaa, mikä ilmenee käyttäytymisenä. Tunteet vaikuttavat tietoisuuden värähtelytasoon.

Alla olevassa taulukossa on kuvattu, minkälaisen värähtelytason eri tunteet saavat aikaan. Kaikkein alhaisimmalla värähtelytasolla toimivat sellaiset tunteet, kuten häpeä, syyllisyys, apatia ja pelko. Nämä tunteet aiheuttavat kaikkein kipeimpiä tunnetiloja ja vievät tietoisuutta kaikkein syvimmälle kärsimyksen syövereihin. Itse asiassa kaikki tunteet, jotka vievät tietoisuutta **neutraalista** tilasta negatiiviseen suuntaan, ikään kuin supistavat tietoisuutta yhä pienemmäksi ja kapea-alaisemmaksi. Ihmisen maailmankuva supistuu yhä pienemmäksi ja negatiivisemmaksi. Neutraali olotila on ikään kuin vedenjakaja supistuvan tietoisuuden ja laajentuvan tietoisuuden välillä. Kun ihminen kykenee ajattelemaan positiivisemmin, ensin halukkuudella alkaa ajatella "toisin", sitten hyväksymällä ympäristöään paremmin, ymmärtämällä enemmän, pääsee hän lopulta rakkauden tasolle, minkä pitäisi olla meidän kaikkien tavoitteena. Rakkauttakin voimakkaampia tasoja ovat ilo ja rauha, jotka ovat jo hyvin korkealla värähtelytasolla toimivia tunteita, puhumattakaan varsinaisesta valaistumisen tunteesta, joka on ylin taso, johon tietoisuutemme voi päästä. Sen jälkeen tietoisuus siirtyy seuraavan tiheyden tasolle, meidän tapauksessamme neljännen tiheyden taajuudelle. Ja se on jo ihan eri juttu.

Periaate:

Tunne	Värähtelytaso	
Valaistuminen	700+	Tietoisuus laajenee
Rauha	600	
Ilo	525	
Rakkaus	500	
Ymmärrys	400	
Hyväksyminen	350	
Halukkuus	350	
Neutraali	250	
Rohkeus	200	Tietoisuus supistuu
Ylpeys	175	
Viha	150	
Halu	125	
Pelko	100	
Suru	75	
Saamattomuus	50	
Syyllisyys	30	
Häpeä	20	

VARTIOI AJATUKSIASI

On tärkeää vartioida omia ajatuksiaan. Tavoitteena on olla valppaana aina, kun ajatus tulee mieleen. Silloin voi arvioida, onko tietoiseen mieleen tullut ajatus peräisin egon ajatusjärjestelmästä vai korkeammasta tietoisuudesta eli Rakkaudesta. Rakkaudesta tulevat ajatukset eivät koskaan ole negatiivisia. Kun mieleen tulee negatiivinen ajatus, se on aina lähtöisin egon ajatusjärjestelmästä.

Juuri tuossa kohtaa on se valinnan paikka, jossa Valitsija-Tarkkailija tekee valinnan, minkä ajatuksen se lähtee toteuttamaan.

Omien ajatusten vartiointi ja seuraaminen ja niiden perusteella syntyvät uudet, erilaiset ajatukset antavat mahdollisuuden muokata omaa ajatusmaailmaa siihen suuntaan, että saa itselleen aikaan huomattavasti onnellisemman todellisuuden. Tämän konseptin takana on maailmankaikkeuden lainalaisuudet, joten niiden toimivuuteen voidaan luottaa.

Kun ihminen vartioi ja seuraa omia ajatuksiaan ja sen seurauksena oppii valitsemaan toisella tavalla, samalla hän muuttaa vähitellen tietoisuuden olemisen tasoa. Pysyvät positiiviset muutokset tietoisuuden olemisen tasossa vievät kohti Yhdistynyttä Tietoisuutta ja tietoisuuden laajentumista. Ihminen voi tietoisessa mielessään valita yksittäisessä tilanteessa paremman vaihtoehdon, vaikka todennäköisyydet olisivatkin sitä vastaan, mutta vasta kun hän on saanut tuon uuden, paremman ajatuksen osaksi tietoisuuttaan siten, että se on pysyvä osa sitä, silloin tietoisuuden olemisen taso nousee ja tietoisuus laajenee kohti ylempiä tietoisuuden tasoja. Olemisen tasoon ei voi vaikuttaa suoraan, vaan vaikutus tapahtuu omien ajatusten työstämisen kautta. Työtä on siis paljon ja asiat kehittyvät ajatus kerrallaan. Mutta aina on apua saatavilla, jos haluaa sitä pyytää.

AIKAKÄSITE

Tarkasteltaessa todellisuuksien toteutumista tulee vastaan meidän todellisuudessamme käytössä oleva lineaarinen aikakäsitys. Asiat ikään kuin tapahtuvat peräkkäin. Mutta asiat vain näyttävät tapahtuvan peräkkäin. Itse asiassa aikaa ei ole olemassakaan.

Asiaa voidaan tarkastella esimerkiksi elokuvan näkökulmasta. Elokuvahan ei ole jatkuvaa kuvaa, vaan siinä on tapahtumia, jotka on kuvattu niin tihein otosvälein, että kun sitä katsotaan jatkuvana otosten nauhana, se näyttää jatkumolta. Vaikka itse asiassa on kysymys yksittäisten kuvien järjestämisestä peräkkäiseksi kuvien jonoksi. Sama periaate sopii myös aikakäsitteen tarkasteluun. Tietoisuus valitsee joka nanosekunti kaikista rinnakkaisista todellisuuksien vaihtoehdoista yhden eli valitsee yhden kuvan, ja näin ollen nuo nanosekuntien välein vaihtuvat kuvat muodostavat ikään kuin jatkumon, joka edustaa ajan kulumista. Aivan kuin elokuvassakin, nuo peräkkäin ilmestyvät kuvat eivät ole riippuvaisia toisistaan. Jokainen kuva on itsenäinen kuva juuri sillä hetkellä tapahtuvasta hetkestä. Jokaisen hetken kuva on ikään kuin oma maailmankaikkeutensa, jolla ei ole mitään tekemistä edellisen tai jälkimmäisen samanlaisen kuvan kanssa.

Aika on subjektiivinen kokemus. Koska voit tarkastella jotain tapahtumaa kuvien jatkuvana jonona, voit itse päättää, miten koet tuon kuvajonon läpimenon. Se voi tuntua hitaalta tai toisaalta nopealta. Kun tietoisuus valitsee hyvin samankaltaisia kuvia, syntyy tunne, ettei mitään tapahdu. Tietoisuus itse päättää, millä vauhdilla kuvat alkavat muuttua nopeammin. Silloin taas tuntuu, että aika kulkee nopeammin.

Aikakäsite on luotu kolmannen tiheyden todellisuuteen, jotta voidaan erottaa toisistaan syy ja seuraus. Maapallolla syyn ja seurauksen välillä on aina aikaviive. Kun ihminen vartioi paremmin ajatuksiaan ja tekee valintoja Rakkauden näkökulmasta, hänen todellisuutensa muuttuu. Mutta muutokset tapahtuvat aikaviiveen takia hitaasti. Eikä ihmisellä ole mitään käsitystä, milloin tuo asia toteutuu. Nopeasti vai vasta sitten, kun ihminen on unohtanut halunneensa sitä. Tämä ominaisuus on kuitenkin välttämätöntä kolmannen tiheyden todellisuudelle, koska sen avulla ihminen voi saada haluamansa kokemukset.

Kun ihminen kuuntelee sydämensä ääntä ja toimii sen ohjauksen mukaisesti, hän huomaa, että asiat sujuvat huomattavasti helpommin. Ponnistelematta. Näyttää ikään kuin siltä, että oikeat ihmiset ovat oikeaan aikaan oikeassa paikassa, jotta ihmisen valitsema polku toteutuu. Sitä kutsutaan maailmankaikkeuden synkroniteetiksi. Kaikki asiat toimivat yhteen juuri sillä hetkellä kuin on tarkoitettu, ihmisen valintaa toteuttaen.

9. KEHOT

Ihmisen tietoisuuteen liittyy fyysisen kehon ohella muita-
kin "kehoja", jolla kaikilla on erilaisia tehtäviä ja yhteyk-
siä eri ulottuvuuksiin.

KEHOT ERI ULOTTUVUUKSISSA

Kolmiulotteinen tietoisuus on kiinteästi yhteydessä ihmi-
sen kehon eri tasoihin. Keho ei koostu pelkästään meille
näkyvästä ja kosketeltavasta fyysisestä kehosta, vaan sen
lisäksi tietoisuudessa on muitakin "kehoja" eli tietoisuu-
den kerroksia. Fyysisessä kehossa on 7 eri energiakes-
kusta, jotka hallitsevat energiavirtoja kehon sisällä, kehon
sisälle ja kehosta ulospäin. Fyysisen kehon ulkopuolella
on vielä 5 energiakeskusta, jotka sijaitsevat eri puolella
universumia ja jotka pitävät yllä tietoisuuden kanavaa sen
korkeampiin tietoisuuden kerroksiin.

Fyysinen keho on siis se tietoisuuden väline, jonka avulla
tietoisuus on vuorovaikutuksessa ympärillään olevan kol-
miulotteisen todellisuuden eli näkyvän maailman kanssa.
Sen lisäksi tietoisuuteen kuuluu 5 muuta kehoa, jotka
kaikki ovat kauempana fyysisestä kehosta. Ne ovat kevy-
empiä, läpinäkyvämpiä ja niillä kaikilla on hieman erilai-
nen tehtävä. Fyysisen kehon ulkopuolisella kehällä

sijaitsee ns. eteerinen keho (hengenomainen, taivaallinen). Eteerisen kehon kerrokseen tallentuu tietoisuuteen liittyvät ja fyysiseen kehoon vaikuttavat erilaiset traumaattiset muistijäljet, jotka vaikuttavat kehoon ehdollistettujen, aikaisemmista kokemuksista syntyneiden muistisääntöjen perusteella.

Eteerisen kehon ulkopuolella on seuraava kehotaso eli astraalikeho (yliluonnollinen). Astraalikeho pitää yllä tunne-elämän muistijälkiä tietoisuuden sisällä. Sekä fyysinen että astraalikeho toimivat tässä kolmiulotteisessa todellisuudessa, sen fyysisellä tai eeterisellä tasolla.

Astraalikeho jatkuu neljännen ulottuvuuden todellisuudessa. Se muodostaa yhteyden kolmiulotteisesta tietoisuudesta ylempiin tietoisuuden kerroksiin. Ylemmällä tasolla siitä käytetään nimitystä tunnekeho.

Tunnekeho jatkuu neljännen ulottuvuuden mentaalitasolla (henkinen, sielullinen). Siellä siitä käytetään nimitystä mentaalikeho, joka ilmaisee henkisen tason toimintaa. Tällä tasolla ylläpidetään muistikuvia edellisistä inkarnaatioista ja ns. karmasta. Mentaalikeho on vuorostaan yhteydessä kausaaliseen kehoon.

Kaikkein kauimmaisena fyysisen kehon näkökulmasta on kausaalinen keho, joka kuvaa tietoisuuden alkuperää. Tämä keho sijaitsee viidennessä ulottuvuudessa ja on kiinteässä yhteydessä kuudennen ulottuvuuden Korkeampaan Itseen eli siihen tietoisuuden tilaan, josta kolmiulotteinen tietoisuus on peräisin.

3D-KEHO JA 5D-KEHO

Tarkastelemme seuraavissa kappaleissa kolmannen ulottuvuuden (3D) ja viidennen ulottuvuuden (5D) fyysisen kehon eroavaisuuksista. Ihmiskeho on itse asiassa suunniteltu ja luotu tietoisuudessa, joka toimii 5D-ulottuvuuden mukaisessa todellisuudessa. Me ihmiset olemme tällä hetkellä kolmiulotteisessa todellisuudessa ja 3D-ulottuvuuden energiakentässä. Olemme tällä hetkellä siirtymässä pois 3D-ulottuvuudesta kohti 5D-ulottuvuutta, mutta emme pelkästään tietoisuutemme osalta vaan myös fyysisen kehon osalta. Alamme vähitellen muistaa ja hyväksyä sen, että olemme siirtymässä takaisin tuohon todellisuuteen, josta olemme tänne tulleetkin. Kehomme on syntynyt 5D-ulottuvuudessa ja kehossamme on kaikki tarvittava, jotta voimme elää tietoisuudessa, joka toimii tuossa todellisuudessa. Kaikki tarvittava on suunniteltu ja tallennettu sisällemme.

Maapallo on samanlainen tietoisuus kuin ihminenkin. Maapallon tietoisuus on toiminut alun perin seitsemännessä ulottuvuudessa. Maapallo, samoin kuin muutkin tietoisuudet, hakevat kokemuksia erilaisista todellisuuksista. Maapallo haki näitä kokemuksia 5D-ulottuvuuden mukaisesta todellisuudesta. Korkeammat tietoisuudet halusivat tulla maapallon 5D-ulottuvuuteen kokemaan haluamiaan asioita. He halusivat saada kehon mukaansa maapallolle. Niinpä korkeammat tietoisuudet suunnittelivat ja toteuttivat kehon, jonka avulla henkiolento voisi ikään kuin laskeutua ylemmistä tietoisuuden tasoista alas

88

5D-ulottuvuuden tasolle. Tämän seurauksena voidaan todeta, että nykyisellä ihmiskehollamme on kyky toimia ylemmässä tietoisuuden ja ulottuvuuden todellisuudessa. Kehomme toimii nyt tässä 3D-ulottuvuudessa, joka on paljon tiheämpi ja hitaampi kuin tuo alkuperäinen 5D-ulottuvuuden todellisuus.

Ihmiskehomme pystyi alun perin asuttamaan sellaista tietoisuutta, joka halusi toimia 5D-ulottuvuuden mukaisessa todellisuudessa. Tietoisuus, joka tyypillisesti toimii 5D-ulottuvuuden mukaisessa todellisuudessa, on neljännen tiheyden tietoisuus. Tuo fyysinen keho suunniteltiin sellaiseksi, että se salli korkeampien tietoisuuksien ja valo-olentojen ikään kuin laskeutua maapallolle ja sen avulla kokea 5D-ulottuvuuden maailmaa. Tässä todellisuudessa oli mahdollista kokea lukuisia erilaisia tunteita, ajatuksia, uskomuksia ja lisäksi siirtymisen 7D-ulottuvuuteen, mikä oli Maapallon lähtöpaikka.

Kun keho suunniteltiin, sen suunnitteluun osallistui valo-olentoja (tietoisuuksia) 12D-ulottuvuudesta. Siis varsin korkealta. Suunnittelun pohjana oli ihmiskehon DNA, joka periaatteessa loi itse varsinaisen fyysisen kehon. Ilman DNA:ta ei ole kehoa. Nuo 12D-ulottuvuuden valo-olennot suunnittelivat DNA:n vain saadakseen aikaan kehon. He käyttivät rakennusaineina ns. valokoodeja, jotka värähtelivät 12D-ulottuvuuden värähtelytaajuudella. Valokoodit sisälsivät kehon kannalta tarpeellisia ominaisuuksia. Sitten valokoodit ikään kuin käännettiin DNA:n tunnistamalle kielelle. Valokoodit sisälsivät kaikki tarpeelliset ominaisuudet, joita keho tarvitsi voidakseen olla olemassa ja toimia 5D-ulottuvuudessa. Kaikki oli hienoja-koisesti suunniteltu siten, että nuo 12D-ulottuvuudessa suunnitellut ominaisuudet voitiin toteuttaa ja ylläpitää kehossa, joka toimi paljon alhaisemmalla värähtelytasolla. Kristalliin perustuvalla luonteella tai fyysisellä muodolla on kyky ylläpitää valoa 5D-ulottuuvuuden mukaisessa rakenteessa tai muodossa ja antaa tuon muodon luoda ja elää ja kokea. Joten he siirsivät kehon kristallin rakenteelliseen muotoon ja loivat siihen DNA:n 12 säiettä. Nämä säikeet pitivät sisällään kaikki kehon olemassaoloon ikinä tarvittavat valokoodit, mukaan lukien sen henkiolennon tai tietoisuuden rakennekuvaukset, joka oli tulossa tuohon alempaan tietoisuuteen ja ottaisi käyttöön tuon 5D-muodon. DNA sisälsi rakennekuvauksen siitä, miksi tuo tietoisuus tulee tähän 5D-kehoon. Näin oli saatu aikaan 12-säikeinen DNA, joka pystyi ylläpitämään kaikki valokoodit, jotka luovat ja muodostavat 5D-ulottuvuuden kehon.

Toinen asia, joka oli olennaista 5D-ihmiskehon suunnittelussa, oli valon määrä, jonka korkeampi olento aikoi tuoda ja varastoida kehon sisälle. 5D-ulottuvuuden tasolla korkealla taajuudella värähtelevää valoa pystytään ottamaan vastaan tietty prosentuaalinen osuus, joka on suunnilleen 20%. Tuo määrä siis voidaan pitää eteerisen kehon sisällä. He suunnittelivat hienovaraisen kehorakenteen, joka teki mahdolliseksi kokea tunteita, kokemuksia, tietoisuuksia, ajatuksia, uskomuksia, asioita, jotka olivat tyypillisiä tuolle ulottuvuudelle. Noiden kokemusten takia heidän oli suunniteltava keho sillä tavalla, että se pystyisi sulattamaan ne.

90

Fyysisen kehon ympärillä olevat hienovaraisemmat kehot muuttavat tietoisuuden tunteiksi. Ne muuntavat tietoisuuden ajatuksiksi ja uskomuksiksi, mutta kokemus ei ole samanlainen kuin 3D-ulottuvuudessa, ei lähimainkaan. Kehoihin liittyy myös sähköinen verkkorakenne, joka on juuri 5D-ulottuvuuden kentän sisäpuolella. Juuri samanlainen verkkomainen rakenne kuin meillä nytkin on. Sähköinen verkkorakenne koostuu 12 energiakeskuksesta. Noista 12 keskuksesta 7 sijaitsee fyysisen kehon sisällä ja 5 kehon ulkopuolella. Ne muodostavat kehon sisään tulevan kanavan, jota korkeammat tietoisuudet käyttävät. Näiden kaikkien yhdessä muodostaman ketjun ansiosta energia kulkee kanavasta kehoon päin 7 kanavan kautta ja toiseen suuntaan 12 kanavan kautta. Kanava ja 12 energiakeskusta liittävät ihmiskehon ja 5D-ulottuvuuden mentaalikehon sen Korkeampaan Itseen sekä ykseyteen. Ja uskokaa tai älkää, 5D-ulottuvuudessakin on myös ego, jonka tehtävänä on pitää fyysinen keho turvassa. Jotta se ei vahingoittaisi itseään, siis hyppäisi alas kalliolta, hukuta itseään, eikä polta kättään. Se pitää kehon turvassa, auttaa sitä ymmärtämään omat rajansa, mihin se pystyy ja mihin se ei pysty.

Tuollaisilla tavoilla ihmiskeho suunniteltiin 5D-ulottuvuutta varten. Kun korkeampi tietoisuus laskeutuu tuohon ulottuvuuteen ja kehoon, se värähtelee korkeammalla taajuudella kuin 3D-maailma, ja tuo tietoisuus on edelleen kiinteässä yhteydessä kanavaansa, se on kiinteässä yhteydessä Korkeampaan Itseensä ja ykseyteen. Sillä on täydellinen tieto kaikesta, mitä tapahtuu. Se on tietoinen oppaista, jotka ovat laskeutuneet sinne sen kanssa. Se on tietoinen siitä sähköisestä punoksesta, joka ulottuu niihin galaktisiin perheisiin saakka, josta se on tänne laskeutunut. On siis aika mennä ja alkaa leikkiä uudessa ympäristössä. Koska Korkeampi Itsesi ohjaa sitä tuossa 5D-ulottuvuuden tilassa, se on leikkiessään aina läsnä nyt-hetkessä, ilmaisee itseään ja tahtoaan ja luo uutta joka hetki. Tuossa tietoisuuden värähtelytaajuudessa ei ole mitään "negatiivista" tai "pahaa", ei ole mitään, mikä vahingoittaisi tuota ihmiskehoa, jonka kautta se kokee asioita.

Juuri tuon värähtelytason takia maapallo loi itsensä alusta lähtien viidenteen ulottuvuuteen. Se ei koskaan halunnut siirtyä kolmannen ulottuvuuden tilaan. Se tiesi kuinka haastavaa se tulisi olemaan, joten itse asiassa viidennen ulottuvuuden taso oli riittävän haastava sille alun perinkin. Siinä tietoisuudessa pystyi kokemaan monenlaisia asioita, kuten kaikki eri kehot, egon, korkeamman itsensä, Alkulähteen läsnäolon ja koko sisällä sijaitsevan taivaallisen rakenteen, kaikki nämä asiat. Juuri tuolla tavalla viidennellä ulottuvuuden tasolla oleva ihminen elää elämäänsä. Se pystyy oikeasti näkemään kätensä lävitse, koska se on hyvin kevyt, siinä ei ole paljoakaan tiheyttä jäljellä. Ruoka-aineet ovat hyvin kevyitä, ruokaa tarvitaan hyvin vähän. Todellisuus oli hyvin erilainen tuolloin, miljoonia vuosia sitten, kun ihmiskeho luotiin.

Mitä sitten tapahtui? Olemme nyt kolmannen ulottuvuuden kehossa. Voit lukea kirjan kohdasta 11., miten ihmiskunnan tietoisuus romahti tuohon tilaan. Olemme kuitenkin nyt kolmiulotteisessa kehossa ja tämä keho on täsmälleen samanlainen keho, joka oli olemassa miljoonia vuosia sitten viidennen ulottuvuuden tietoisuudessa tai kentässä. Kehossa ei ole tapahtunut mitään muutosta, paitsi kaksi asiaa.

Kun siirryimme maapallolla kolmannen ulottuvuuden tietoisuuteen, mukaan tuli materia, tiheys ja kaiken hidastuminen. Aika hidastui, energia hidastui, tietoisuus hidastui. Kaikki tämä hidastui, kunnes fyysinen keho alkoi muodostua, paljon tiheämmässä muodossa. Viidennen ulottuvuuden ihmisen suunnittelijat huomasivat, että korkeamman tietoisuuden henkiolennot aikovat laskeutua alas kolmannen ulottuvuuden kehoon.

Viidennen ulottuvuuden tilassa ei tarvita "valonkantajia", koska valoa on yllin kyllin. "Valonkantajalla" tarkoitetaan kehoa käyttäviä tietoisuuksia, jotka värähtelevät korkealla värähtelytaajuudella ja pystyvät siten ylläpitämään suurta valon määrää. "Valonkantajia" ei tarvita, koska maapallo ei tarvitse apua siirtymisessä viidennestä seitsemännen tason ulottuvuuteen eikä se tarvitse apua myöskään ihmisten siirtämisessä samaan tasoon.

Kolmannen ulottuvuuden näkökulmasta katsottuna, kun kolmannen ulottuvuuden tietoisuuden kentästä pitää siirtyä viidennen ulottuvuuden tietoisuuteen, se vaatii paljon suurempaa korkealla värähtelevää valomäärää. Tämän takia maapallolla on tarpeen käyttää suurta määrää "valonkantajia" varmistamaan riittävä valonsaanti. Korkeataajuinen valo nostaa koko maapallon ja sen asukkaiden tietoisuuksien värähtelytasoa ja tekee siirtymisen 5D-todellisuuteen helpommaksi.

Kun laskeudutaan alas kolmannen ulottuvuuden tasolle, tilanne on haastava. Tiheys on kuristavaa, se saa aikaan ahtaan paikan pelkoa. Kuvittele vain, miten vaikeaa on edes päästä kolmannen ulottuvuuden kehon sisälle alun perinkään. Joten maapallo tiesi tarvitsevansa paljon apua valo-olennoilta, joiden piti laskeutua alemmas ja auttaa sitä pitämään yllä valoa, puhdistamaan sitä, tekemään mitä tahansa, mikä auttaisi ihmiskuntaa ja maapalloa palaamaan sinne, mistä ne olivat lähtöisin. Vaikka maapallo on nyt tiheämpi ja me olemme tiheämpiä, kaikki on sisällämme, juuri tässä hetkessä, viides ulottuvuus on sisällämme ja se on heräämässä eloon meissä juuri nyt. Ei tarvita mitään uutta, kaikki on sisällämme. Paitsi ne kaksi asiaa.

Ensimmäinen asia, jota piti muokata, on valon määrä, jonka valo-olento tuo mukanaan laskeutuessaan ihmiskehoon, koska valoa voidaan ylläpitää täällä vain tietty määrä. Koska keho oli paljon tiheämpi, se ei pysty ylläpitämään yhtä paljon valoa kuin se pystyy viidennen ulottuvuuden tasolla, jossa se värähtelee paljon korkeammalla taajuudella. Se pystyy pitämään sisällään korkeammalla tasolla värähtelevää valoa. Kolmannen ulottuvuuden tasolla oleva eteerinen keho ei tätä pysty tekemään, koska se on liian tiheä, värähtelee aivan liian matalalla, joten piti ratkaista, paljonko valo-olennon valosta voidaan pitää yllä kolmannella tasolla. Täytyy muistaa, että värähtelytaso muuttuu hyvin pienin askelin, aivan kuten radioasemaa säädettäessä siirrytään pienin askelin asemalta toiselle. Olemme kehittyneet huimasti valon määrän suhteen. Alussa ihmiskeho oli niin tiheä, että se pystyi ylläpitämään vain 1-3% siitä valosta, joka tuli kehoon asettuvan korkeamman tietoisuuden mukana. Tällä hetkellä ihmiskeho pystyy pitämään sisällään 5-6% valosta, joissain tapauksissa jopa 13%.

Toinen muutettava asia oli DNA. Alun perin, DNA muodostui 12D:n värähtelytason valokoodien mukaisesti. Sen jälkeen DNA-rakenne siirrettiin alaspäin 5D-tasolla olevaan kehoon. Se tapahtui luomalla keholle kristallinen rakenne, joka pystyi edelleen ylläpitämään 12 säiettä sisältää DNA-rakennetta. Mutta 3D-tasolla tämä ei enää ollut mahdollista. Tämän takia valokoodit jouduttiin muuttamaan sellaiselle värähtelytaajuudelle, joka pystyisi ylläpitämään DNA-rakennetta 3D-tietoisuudessa. Havaittiin, että kristallirakenteen sijasta hiileen perustuva rakenne kykeni ylläpitämään noita valokoodeja. Hiili on muokattavissa ja siten DNA-muutokset saadaan toimimaan sen mahdollistamassa rakenteessa. Muutos kuitenkin edellytti, että 12 säiettä sisältävä rakenne oli muutettava siten, että siinä toimii enää 2 säiettä. Hiiliperusteinen kehorakenne ei pystynyt ylläpitämään kaikkia 12 säiettä.

Tällä hetkellä ihmiskehon passiiviset, käyttämättömät säikeet tuosta 12-osaisesta, alkuperäisestä DNA-ketjusta, alkavat vähitellen aktivoitua takaisin alkuperäiseen kokonaisuuteensa, mikä saa aikaan sen, että tietoisuutemme värähtelytaso nousee ja tunnistamme itsemme taas moniulotteisiksi henkiolennoiksi, joita alun perin olemme olleetkin. Moniulotteisuus antaa meille "uusia" kykyjä, jotka olemme ikään kuin unohtaneet täällä 3D- todellisuudessamme. Jokaisella ihmisellä on 12-säikeinen DNA-rakenne, mutta se on ikään kuin passivoituneessa, ei-aktiivisessa tilassa, koska 3D-tietoisuus ei salli sen näkyvän meille. Me kaikki olemme osa tuota Alkulähteestä lähtevää valoa, joka on saavutettavissa, kun tietoisuutemme värähtelytaso nousee korkeammalle. Keholla ei sinänsä ole tuon valon tai alkuperämme näkökulmasta merkitystä, se antaa vain meille välineen toimia 3D-tietoisuudessa, jossa olemme päättäneet kokea erilaisia kokemuksia. Palaamme takaisin 5D-ulottuvuuteen, josta olemme tänne laskeutuneet ja silloin DNA:n kaikki 12 säiettä ovat aktiivisia ja havainnoimme todellisuutta sen mukaisesti.

Kun laskeuduimme tänne 3D-tietoisuuteen, DNA: mme supistettiin ja valon määrää vähennettiin sellaiseksi, minkä keho pystyi ylläpitämään. Kaikki muut asiat ovat edelleen paikallaan, muut fyysisen kehon lisäksi olevat kehot, energiakenttien verkosto oli paikallaan, kanava Alkulähteeseen oli paikallaan. Kehossa olevat 7 energiakeskusta ja kehon ulkopuolella olevat 5 energiakeskusta olivat paikallaan, Korkeampi Itse oli paikallaan, Alkulähde oli paikallaan. Ego oli myös olemassa, mutta sen täytyi ottaa suurempi rooli 3D-tietoisuudessa, mutta muuten kaikki oli paikallaan. DNA sisälsi kaiken tarvittavan kosmisen tiedon. Se, mikä oli erilaista verrattuna 5D-tietoisuuteen, oli tarve luoda ns. akaasinen tieto. Akaasinen tieto on kumulatiivinen "tietokanta" kaikesta aikaisempien "elämien" tapahtumista, koska 3D-tietoisuudessa emme muista aikaisempia kokemuksia. Tuo akaasinen tieto tallennettiin DNA:n sisälle. Vastaavasti 5D-tietoisuudessa ei akaasiselle "tietokannalle" ole tarvetta, koska henkiolento muistaa kaiken tuossa tietoisuudessa. Vain

3D-tietoisuudessa tapahtuu tuo "unohtaminen", jonka takia akaasisen tiedon tallentaminen on tarpeellista. 5D-tietoisuudessa valitsemme aina sen, mikä on meille parasta, olemme tietoisia siitä, tiedämme kirkkaasti, mitä teemme, olemmehan kaikkitietävä tietoisuus.

10. MITÄ TAPAHTUU, KUN TIETOISUUS LAA-JENEE?

Aikaisemmissa luvuissa on kuvattu, miten meidän jokaisen tietoisuus on syntynyt tähän meidän nykyiseen todellisuuteemme, kolmiulotteiseen maailmaamme. Me olemme olemassa monella tietoisuuden tasolla samanaikaisesti, vaikkemme sitä nyt muistakaan. Kaikkein korkeimmalla tasolla oleva valtavan laaja tietoisuus, alemmilla tasoilla olevat saman tietoisuuden ilmentymät ja lopuksi meidän pienen pieni tietoisuutemme täällä ovat jatkuvasti ja kiinteästi yhteydessä toisiinsa. Kukaan ei ole yksin. Meidän tietoisuutemme on ollut välttämätöntä "kutistua" niin pieneksi, että se pystyy toimimaan tässä todellisuudessa. Tilanne on kuitenkin nyt muuttumassa. Ihmiskunnan tietoisuus kokonaisuutena on alkanut nostaa värähtelytasoaan, mikä tarkoittaa, että tietoisuus laajenee ja on matkalla kohti seuraavaa, korkeampaa tietoisuuden tasoa.

Jokaisen ihmisen tietoisuudella on mahdollisuus laajentua. Se ei tietenkään tapahdu automaattisesti, vaan se vaatii edes pienen halukkuuden syntymistä ihmisen mielessä. Ei ole tarpeellista ikään kuin päättää, että "nyt alan nostaa tietoisuuteni värähtelytaajuutta korkeammalle". Riittää, kun pääsee eroon

negatiivisista, tuomitsevista, arvostelevista ajatuk-
sista sekä tekee työtä mieleen kerääntyneen vihan,
syyllisyyden, pelon, katkeruuden ja muiden vastaa-
vien tunteiden takana olevien ajatusten poista-
miseksi. Tämä on ihmisen itsensä valittavissa.

MITEN TIETOISUUDEN LAAJENTUMINEN TA-
PAHTUU?

Aikaisemmin kerrottiin, että DNA: mme on alun perin ol-
lut 12-säikeinen kokonaisuus, joka rakennettiin siten, että
se pystyy toimimaan neljännen tiheyden tietoisuudessa ja
viidennen ulottuvuuden todellisuudessa. Nyt olemme
kuitenkin täällä alemmalla tasolla, eikä tietoisuutemme ja
kehomme täällä pysty ylläpitämään kuin 2-säikeistä
DNA-rakennetta. Nuo 2 säiettä pitävät sisällään kaiken
sen geneettisen tiedon, jota tarvitaan kolmiulotteisen
maailman näkökulmasta. DNA-rakenteesta voidaan kui-
tenkin havaita, että siellä on suuri joukko muitakin soluja,
mutta nykytiedemiesten mielestä ne ovat "täytettä" tai
"roskaa" tai vastaavaa merkityksetöntä. Se, että tiedemie-
hillä ei ole tällä hetkellä parempaa käsitystä DNA:
stamme johtuu siitä, että meillä ei ole vielä ns. kvanttilins-
sejä, joiden avulla voitaisiin tarkastella moniulotteisia,
kvanttitieteen mukaisesti käyttäytyviä soluja. Nuo "yli-
määräiset" solumme ovat juuri näitä kvanttisoluja. Nämä
kvanttisolut ovat nyt aktivoitumassa tai vapautumassa

aikaisemmasta tilastaan ja sen seurauksena muuttavat koko kehomme ominaisuuksia ja toimintaa. DNA:n muuttuminen on siis yksi syy ihmiskehon muuttumiseen takaisin sille tasolle, josta se on peräisin.

Toinen seikka, joka edesauttaa kehon muutosta, on kehon palautuminen ja muuttuminen takaisin kristallipohjaiseen rakenteeseen. Kristalli on materiaali, joka pystyy pitämään yllä tuota 12-säikeistä DNA-rakennetta, joka kehollamme oli aikaisemmin. Kristalliin perustuva keho ei kuitenkaan voinut toimia kolmiulotteisessa tietoisuudessa. Näin ollen kehon alkuainetta jouduttiin muuttamaan. Jotta kehomme pystyi ylläpitämään edes 2-säikeistä DNA:ta, se oli muutettava hiileen perustuvaan rakenteeseen. Tämä materiaali pystyi toimimaan matalalla energiatasolla ja ylläpitämään riisuttua DNA-rakennetta. Nyt kehomme alkaa muuttua takaisin kristallikehoksi ja sen myötä saadaan käyttöön tuo 12-säikeinen DNA.

Kolmas seikka, joka vaikuttaa tietoisuutemme laajentumiseen, on aikaisemmin mainittu "myötätunnon" energia, joka on parhaillaan korvaamassa aikaisemman "olemassaolon taistelun" negatiivisen energian. Maapallolle tulee yhä useammin ja yhä voimakkaampia energia-aaltoja, jotka helpottavat ihmisten tietoisuuden laajentumista. Negatiivinen energia vähenee ja tulee lopulta häviämään maapallolta. Myötätunnon energia tarvitaan, koska ihmiset eivät pysty yksinään nostamaan tietoisuutensa tasoa seuraavalle tasolle. Liian monet ovat vielä täysin tietämättömiä tapahtumien kulusta ja toisaalta osa väestöstä ei ole edes kiinnostunut, vaikka asiaa heille miten selitettäisiin. Tämän takia uutta energiaa tarvitaan auttamaan meitä.

Neljäs seikka ja kaikkein keskeisin asia on jokaisen ihmisen henkilökohtainen työ oman tietoisuutensa osalta. Kuten aikaisemmin todettiin, tärkein asia on oman mielensä puhdistaminen sekä negatiivisista reaktioista ulkoisiin tapahtumiin nähden, että kanssaihmisiin nähden. Tuossa työssä onnistuminen tarkoittaa sitkeää työtä omien negatiivisten uskomusten poistamiseksi ja tuomitsemisen ja arvostelun lopettamiseksi. Näiden ajatusten, tunteiden ja uskomusten tilalle ihmisen tulee saada myötätuntoinen ja hyväksyvä asenne ympäristöönsä sekä oppia rakastamaan itseään. Tämä ei tarkoita egoistista itsensä pönkittämistä vaan ymmärtämistä, että on itse arvokas ja suvereeni ihminen, joka on peräisin Rakkaudesta.

Muista eräs perussääntö: kukaan ei tule "pelastamaan" sinua. "Jumala" tai vastaava ei pelasta sinua. Sinun on tehtävä omat valintasi ja oma työsi tietoisuutesi kehittymisen eteen. Saat apua Korkeammalta Itseltäsi, kun pyydät. Mutta hänkään ei pelasta sinua, vaan auttaa sinua pelastamaan itsesi.

MISTÄ VOI SITTEN PÄÄTELLÄ, ETTÄ TIETOISUUS LAAJENEE KOHTI SEURAAVAA TASOA?

Jokaisen ihmisen tietoisuus kehittyy eri tavalla ja eri tahdissa. Kehitysprosessi on yksilöllinen. Ei ole olemassa kahta samanlaista tietoisuutta, jotka kehittyisivät täsmälleen samalla tavalla. Sen takia jokaisen yksilön tietoisuus laajenee omalla tavallaan ja omassa tahdissaan. Tähän vaikuttaa keskeisesti se, mitä Korkeampi Itsesi on kanssasi suunnitellut tapahtuvaksi tämän inkarnaation aikana. Voi olla esimerkiksi niin, että tietoisuutesi ei vielä tällä kertaa ole valmis siirtymään korkeammalle tasolle, jolloin laajentumista ei tapahdu siinä määrin kuin jollain toisella tietoisuudella, joka saattaa olla tähän paljon valmiimpi. Kaikki valinnat ja suunnitelmat ovat oikein, mikään ei ole väärin tai huonompi kuin toinen. Se, mikä on sinulle oikein, tulee tapahtumaan.

On myös hyvä muistaa, että tietoisuus tai ihminen ei "siirry" yhtään mihinkään. Vaikka puhutaankin tietoisuuden "siirtymisestä" korkeammalle tasolle, itse asiassa tietoisuus ei siirry yhtään mihinkään. Voitaisiin paremminkin kuvata asiaa siten, että tietoisuus alkaa värähdellä korkeammalla värähtelytasolla, joka avaa sen näkemään tuon kohonneen värähtelytason mukaisia asioita, kykyjä, tapahtumia, todellisuutta ja maailmaa. Koska kaikki on jo olemassa, siis tuo korkeampikin taso on jo olemassa, nyt vain tietoisuuden värähtelytaso nousee niin paljon, että tietoisuus pystyy havainnoimaan tuon uuden tason mukaisen todellisuuden. Tästä syystä ei voida antaa tyhjentävää tai täydellistä listausta niistä kehityspiirteistä, joita jokaisen kohdalla varmasti tulisi tapahtumaan.

Nykyinen tietoisuutemme pitää meidät erossa korkeammista tietoisuuksista, joissa meillä on oikeus elää ja kokea. Kolmiulotteisuuteen sisältyvä erityinen energiakenttä estää meitä oivaltamasta, että olemme moniulotteisia tietoisuuksia, jotka ovat vapaita liikkumaan ja kokemaan mitä tahansa ympäri maailmankaikkeuksia. Emme muista, että me kaikki olemme yhtä toistemme kanssa. Olemme hukanneet yhteytemme Alkulähteeseen ja Rakkauteen. Tämä johtuu siitä, että elämme ohjelmoidun tietoisuuden sisällä. Ohjelmointia eivät ole suorittaneet ihmisten omat korkeamman tietoisuuden tasonsa. Vastuussa tästä ovat ulkopuoliset, voimakkaat sivilisaatiot, jotka ovat käyttäneet meitä hyväkseen omien intressiensä toteuttamiseksi.

Juuri nyt tässä ajassa ihmisten on kuitenkin mahdollisuus vapautua ohjelmoidun tietoisuuden vankeudesta. Nostamalla oman tietoisuutemme värähtelytasoa nousemme kohti ylempiä tietoisuuksien tasoja ja vapaudumme tästä maailmasta. Se, mitä nyt on tapahtumassa, on kerrassaan ainutlaatuista ihmisen elämässä, mutta myös maailmankaikkeuksissa. Aikaisemmin, kun fyysistä kehoa käyttävä tietoisuus on noussut takaisin ylemmälle tasolle, kehon on täytynyt kuolla. Tällä kertaa me otamme kehomme mukaan korkeammalle tasolle. Tämä on ainutlaatuista. Meidän ei tarvitse kuolla voidaksemme päästä sinne, mihin kuulumme.

Mitä tämä kaikki merkitsee sinun elämäsi näkökulmasta? Me kaikki olemme "samassa veneessä". Sinä yksilönä teet oman työsi oman tietoisuutesi osalta, mutta tavoitteena on saada koko ihmiskunta kollektiivisesti irti tietoisuutemme rajoitteista. Tämän tehtävän toteutumista ei johdeta mistään organisaatiosta käsin, tällä ei ole johtajia ja seuraajia, kukaan ei parempi kuin toinen, näyttipä hänen nykyinen elämänsä miltä tahansa. Kuten kaikkialla maailmankaikkeudessa, tässäkin asiassa kunnioitetaan sinun omaa vapaata tahtoasi. Sinua ei pakoteta tekemään mitään. Tällä hetkellä osa maailman väestöstä on osoittanut halukkuutta käyttää tätä mahdollisuutta, mutta suurempi osa ei ole vielä tietoinen asiasta tai suhtautuu koko asiaan kielteisesti. Sen takia on tärkeää muistaa, että sinulla on oma aikataulusi, jota tässäkin asiassa kunnioitetaan. Sinulla on oma tapasi löytää itsesi. Sinun tapasi on oikea tapa. Ei ole väärää tapaa. Mutta sinulla on oltava vähintään "pieni halukkuus", jotta asia lähtee etenemään. Mikäli sinulta ei löydy tuota pientäkään halukkuutta tässä hetkessä, odotat hieman pidempään, kunnes tuo halukkuus herää.

Kun alat nostamaan oman tietoisuutesi värähtelytasoa, se tapahtuu tyypillisesti vähitellen. Ensimmäisen vaiheen tekeminen on täysin sinun omalla vastuualueellasi. Tehtävä vaikuttaa päällisin puolin yksinkertaiselta. Sinun on 1) päästettävä irti kaikista negatiivisten traumojen, uskomusten, ajatusten ja tunteiden painolastista ja 2) luovuttava kaikesta arvostelusta ja tuomitsemisesta sekä harjoitettava anteeksi antamista. Kun olet suorittanut nämä tehtävät, sinun kolmiulotteinen tietoisuutesi alkaa värähdellä neljännen ulottuvuuden taajuudella. Silloin pystyt katsomaan tätä maailmaa menemättä mukaan tapahtumien "draamaan". Pysyt tarkkailijana ja katsot ympäröivää maailmaa myötätunnon ja mahdollisesti rakkauden kautta. Tunnet tämän maailman, mutta et enää ole osa sitä, vaikka toimitkin siinä suhteellisen normaalisti.

Ensimmäinen vaihe on siis sinun itsesi vastuulla. Toinen vaihe sen sijaan ei ole enää sinusta itsestäsi kiinni. Sinullahan ei voi olla tietoa siitä, miten siirrytään seuraavalle tasolle, joka on rakkauden, yhteenkuuluvaisuuden ja ymmärryksen tietoisuus. Tietoisuutesi tekee sen itse, koska se on osa tietoisuuden sisäänrakennettua olemusta. Sinun on vain sallittava asian tapahtua. Sitä ei voi pakottaa, se ei vaadi rituaaleja. Vain sallimista ja itsensä kuuntelemista. Tuolle rakkauden tasolle nouseminen edellyttää, että sinä olet poistanut kaiken pelon mielestäsi. Rakkaus ei voi olla siellä, missä on pelkoa.

Mistä sitten tiedät, että olet siirtynyt tuolle rakkauden ja ymmärryksen tasolle, josta käytetään nimitystä viides ulottuvuus (5D)? Jos vertaamme tuota ulottuvuutta uskontojen kuvauksiin taivasten valtakunnasta, 5D varmaankin suurelta osin on juuri sitä. Tosin uskontojen kuvaukset ovat hyvin symbolisia eivätkä siten anna kovin helposti ymmärrettävää kuvaa opinkappaleiden lukijoille. Tietoisuuden näkökulmasta tarkasteltuna tuon olotilan voi konkreettisesti havaita, tuntea, kokea ja ymmärtää. Sinä voit kokea ja ymmärtää tilanteen, jossa olet päästänyt irti kaikista pelosta peräisin olevista negatiivisista asioista ja luopunut ympäristön, asioiden ja ihmisten arvostelemisesta ja tuomitsemisesta ja osaat antaa kaikelle anteeksi. Tämä on täysin sinun ymmärrettävissäsi ja koettavissasi. Sinä pystyt olemaan tarkkailija ja katsomaan näkemääsi myötätuntoisesti ymmärtäen samalla, miten maailma toimii. Silloin olet siirtynyt ikään kuin "puoleen väliin" matkallasi kohti oivaltamista. Siitä tilasta eteenpäin vastaantulevaa olotilaa sinun on huomattavasti vaikeampi kuvitella, tuntea tai ymmärtää tästä nykytietoisuuden tilasta käsin. Kuten aikaisemmin todettiin, oivaltamisen prosessi on hyvin henkilökohtainen kokemus. Jokainen ihminen kokee sen eri tavalla, koska me kaikki olemme erilaisia, itsenäisiä tietoisuuksia, joilla on oma kokemuksensa. Joillekin oivaltaminen on sarja hyvin vaatimattomilta tuntuvia oivalluksia tai ymmärryksen hetkiä siitä, mitä todellisuus on ja lopulta, mikä hän itse on. Toisille se voi tarkoittaa voimakkaita valvetilassa, meditaatiossa tai unessa koettuna näkyjä, jotka paljastavat tuonpuoleisen toimintaa. Ennaltatietäminen, viestit tuonpuoleisesta, kehostapoistuminen ja muut ns. paranormaaleina pidetyt kyvyt voivat olla osa jonkun ihmisen oivaltamisen polkua. Lähes kaikille yhteinen ominaisuus on voimakkaasti lisääntynyt tiedontarve kaikesta, mikä voisi antaa lisätietoa tai vastauksia olemassaolon kysymyksiin.

Kun sinun tietoisuutesi alkaa lähestyä viidennen ulottuvuuden tilaa, alat huomata maailmasi muuttuvan. Ensimmäisenä muuttuu ajatusmaailmasi. Ajatuksesi ja tunteesi ovat muuttuneet jo ensimmäisen vaiheen, jota voidaan kenties kuvata puhdistusvaiheeksi, aikana, kun opit vartioimaan ajatuksiasi ja hallitsemaan tunteitasi. Rakkaudesta peräisin olevat ajatukset alkavat kiinnostaa sinua. Alat ymmärtää, että olet itse vastuussa omasta todellisuudestasi. Vastaat itse siitä, miltä maailmasi näyttää. Alat päästä irti rahan vallasta, sillä vähitellen ajatuksesi puutteesta muuttuu runsaudeksi. Luottamukseksi siitä, että sinulla on kaikkea runsaasti eikä mitään puutu. Alat luopua ajatuksesta, että sinun tulee hallita elämääsi. Alat uskoa siihen, että kaikki on hyvin ja kaikki järjestyy. Alat lopultakin rakastaa itseäsi, siis oikeaa itseäsi.

Ympäristösi alkaa reagoida sinussa tapahtuneeseen muutokseen. Elämässäsi ei ole enää niin paljon negatiivisia ihmisiä ja vähemmän vastoinkäymisiä. Hankkiudut eroon ihmisistä, jotka aiheuttavat negatiivisuutta, jopa läheisistäkin. Suhtaudut vastoinkäymisiin rauhallisen luottavaisesti.

Et ole enää kiinnostunut suunnittelemaan tulevaisuutta. Se järjestyy aikanaan. Keskityt yhä enemmän elämään vain nyt-hetkessä. Juuri nyt tapahtuvat asiat kiinnostavat sinua enemmän. Et halua enää jäädä kiinni menneisyyden muistoihin.

Aistisi herkistyvät. Selvänäköisyys, selvätuntoisuus ja selvätietoisuus lisääntyvät. Ymmärrät enemmän, sinusta tulee "fiksumpi".

Huomaat, että liikut jatkuvasti 3D, 4D ja 5D -tietoisuuksien välillä. Vähitellen viettämäsi aika kolmiulotteisessa todellisuudessa vähenee entisestään.

Toimiessasi kuitenkin tässä maailmassa, pystyt aistimaan ristiriidat ihmisten motiivien ja käyttäytymisen välillä.

Kun tietoisuutesi ankkuroituu viidennen ulottuvuuden tasolle, kaikki muuttuu kertaheitolla. Kenelläkään ei ole kokemusta tuosta tapahtuman hetkestä. Tätä ei ole ennen tapahtunut. Tuolla hetkellä tulet tietoiseksi siitä, kuka oikeasti olet. Olet siis moniulotteinen tietoisuus. Ymmärrät olevasi energiaa. Tunnet olevasi yhtä maailmankaikkeuden ja Alkulähteen kanssa. Olet yhtä kaikkien muiden ihmisten ja henkiolentojen kanssa. Olet yhtä koko galaktisen perheesi kanssa. Olet yhdistynyt oman Korkeamman Itsesi kanssa. Olet yhdistynyt kaikkien muidenkin oman "tietoisuusketjun" osiesi kanssa. Muistat kaikki maapallolla eletyt elämät. Aikaa ei enää ole. Menneisyys, nyt-hetki ja tulevaisuus on aina läsnä. Voit aina valita, missä niistä haluat toimia. Pystyt luomaan mitä tahansa pelkästään keskittämällä ajatuksesi siihen. Luomasi asia tulee näkyväksi välittömästi. Meidän maailmassamme esiintyvää erillisyyttä ei enää ole. Kehosi on muuttunut kristallipohjaiseksi kevyeksi kehoksi, joka on läpinäkyvä. Pystyt kulkemaan materian läpi. Sairaudet poistuvat ja kehosi on täysin terve. Pystyt ottamaan tietoa suoraan tietoisuuteesi korkeammalta tietoisuuden tasolta ilman kolmannen ihmisen, ns. kanavoijan apua. Pystyt kommunikoimaan telepaattisesti toisen ihmisen kanssa, tai kenen tahansa kanssa. Pystyt liikkumaan teleportaation avulla paikasta toiseen pelkästään keskittämällä ajatuksesi siihen. Pystyt siirtämään materiaa pelkästään ajatuksen voimalla. Ja paljon muuta.

11. MITEN VOIT ITSE NOSTAA TIETOISUU-TESI VÄRÄHTELYTASOA JA LAAJENTAA TIETOISUUTTASI?

Tietoisuuden laajentumista edistää periaatteessa kolme asiaa:

1. negatiivisista ajatuksista ja uskomuksista luopuminen,
2. käyttäytyminen muita kohtaan sekä
3. rakkaudellisten ajatusten tuominen omaan mieleen.

MITEN PÄÄSEN EROON NEGATIIVISISTA AJA-TUKSISTA?

Koko asian perustana on sinun oma halukkuutesi ja motivaatiosi oman asennoitumisesi muuttamiseksi. Jos et motivoidu tarkkailemaan ajatuksiasi ja muuttamaan niitä, mikään ei elämässäsi muutu vaan todennäköisesti teet edelleen samanlaisia valintoja kuin aikaisemmin ja elämäsi jatkuu samaa rataa kuin ennenkin.

Mutta jos tunnet halua tehdä muutoksia elämässäsi, aloita se tarkkailemalla ajatuksiasi. Kun havaitset negatiivisen ajatuksen tulevan mieleesi, tunnista se ja kerro itsellesi "en valitse tuota ajatusta, valitsen toisin".

Ajatusta helpompi on kuitenkin tunnistaa ajatuksen aikaansaama tunnetila. Tunteen tunnistaa lähes aina.

Seuraavassa on esimerkkejä tyypillisistä negatiivisista tunteista, joita mieleesi saattaa pyrkiä.

Häpeä

Häpeän tunne on syvimmällä ihmisen mielessä oleva asia. Se liittyy kaikkein arimpiin asioihin, joita ihminen salaa toisilta kaikin mahdollisin keinoin. Häpeä värähtelee kaikkein alimmalla tasolla. Häpeän perustana on usein uskomus omasta arvottomuudesta, riittämättömyydestä ja hylätyksi tulemisesta. Häpeän tunne on usein niin voimakas, ettei sitä halua kohdata.

Jos mahdollista, etsi häpeän perussyy ja hyväksy, että sellainen asia on tapahtunut. Kerro itsellesi, että "päästän irti tuosta häpeää aiheuttavasta ajatuksesta, koska olen arvokas ja täysin riittävä omalle itselleni. Annan itselleni anteeksi nuo ajatukset. Valitsen toisin." Toista tämä aina kun ajatus tulee mieleesi.

Kateus

Kateuden tunne syntyy ajatuksesta, että "minulta puuttuu jotain" tai "en saa sitä, mikä minulle kuuluu". Kysymys on siis puutteen kokemisesta. Jos mahdollista, tunnista, että kateuden tuntemukset johtuvat virheellisestä mielessäsi olevasta uskomuksesta, että sinulta muka puuttuisi jotain. Kerro itsellesi, että "päästän irti tuosta kateutta aiheuttavasta ajatuksesta, koska minulla on kaikki, mitä tarvitsen. Minulta ei puutu mitään. Annan itselleni anteeksi nuo ajatukset. Valitsen toisin." Toista tämä aina kun ajatus tulee mieleesi.

Pelko

Mikäli Rakkaudelle voisi ajatella vastakohtaa (mitä ei oikeasti voi), se olisi pelko. Pelko on monimuotoinen tunne, jonka alkulähde on egon ajatusjärjestelmä. Egon olemassaolo perustuu pelon ylläpitämiseen. Pelkoa voi aiheuttaa lähes mikä tahansa asia, tapahtuma, ihminen jne. Mutta pelon perussyy on usein jokin ajatus tai uskomus, joka on mielessäsi. Se aktivoituu, kun sopiva ulkoinen tapahtuma tapahtuu. Jos mahdollista, etsi pelon perussyy ja hyväksy, että sellainen on olemassa. Kerro itsellesi, että "päästän irti tuosta pelkoa aiheuttavasta ajatuksesta ja annan itselleni anteeksi nuo ajatukset ja valitsen toisin." Toista tämä aina kun ajatus tulee mieleesi. Sinun ei tarvitse tietää, mikä olisi tuossa tilanteessa oikea ajatus, riittää, kun et valitse pelkoa aiheuttavaa ajatusta.

Syyllisyys

Syyllisyys on pelon ohella tyypillisin negatiivinen ajatus, josta kärsimme. Syyllisyyden perussyy löytyy usein hyväksynnän puutteesta, arvottomuudesta, pelosta ja siitä, ettei hyväksy itseään. Jos mahdollista, tunnista syyllisyytesi perussyy ja hyväksy, että sellainen on olemassa/tapahtunut. Jos siihen liittyy selkeästi se, että olet toiminut väärin toista kohtaan, korjaa tilanne, muuten syyllisyys pysyy. Kun olet korjannut tilanteen, syyllisyyskin häviää. Muussa tapauksessa kerro itsellesi, että "päästän irti tuosta syyllisyyttä aiheuttavasta ajatuksesta ja annan itselleni anteeksi nuo ajatukset. Valitsen toisin." Sinun ei tarvitse tietää, mikä tuossa tilanteessa olisi oikea ajatus, riittää, kun et valitse syyllisyyttä aiheuttavaa ajatusta.

Viha

Viha on tyypillisesti pitkäaikainen tunne, jonka pohjalla on usein käsitys siitä, että sinua on kohdeltu kaltoin ja epäoikeudenmukaisesti. Jos olet omaksunut voimakkaita ennakkoluuloja tai muita negatiivisia uskomuksia toisia kohtaan, ne kääntyvät helposti vihaksi. Myös uhrina olemisen kokemus voi saada aikaan vihaa pahantekijää kohtaan. Jos mahdollista, tunnista vihasi perussyy ja hyväksy, että sellainen on olemassa. Kerro itsellesi, että "päästän irti tuosta vihaa tuottavasta ajatuksesta, annan itselleni anteeksi nuo ajatukset ja valitsen toisin." Toista tämä aina kun ajatus tulee mieleesi.

Suuttumus

Suuttumus on vihaa lyhytkestoisempi, mutta usein voimakas tunnetila. Suuttumus toimii puolustusmekanismina, kun koet, että jotain sinulle tärkeää uskomusta vastaan hyökätään. Jos mielessäsi on pelkoa, syyllisyyttä tai vihaa, reagoit helposti suuttumuksen kautta ja hyökkäät "vastustajan" kimppuun. Jos mahdollista, tunnista perussyy, miksi suutut ja hyväksy, että näin on. Kerro itsellesi, että "päästän irti tuosta suuttumusta aiheuttavasta ajatuksesta, valitsen toisin." Toista tämä aina kun ajatus tulee mieleesi.

Kauna

Jos koet, että sinua on kohdeltu kaltoin tai epäoikeudenmukaisesti, alat helposti kantaa kaunaa tuota ihmistä kohtaan. Et ole valmis antamaan hänelle anteeksi, koska koet, että on toisen tehtävä pyytää anteeksi. Mutta sinä voit antaa anteeksi, vaikkei toinen tee asian suhteen yhtään mitään. Tiedät aina, mistä asiasta kannat kaunaa, joten kerro itsellesi, että "en valitse tuota kaunaa aiheuttavaa ajatusta, annan itselleni anteeksi, että ajattelen toisesta tuolla tavalla. Valitsen toisin." Toista tämä aina, kun ajatus tulee mieleesi. Usein koet, että pelkästään itselleen anteeksi antaminen ei riitä, vaan haluat antaa anteeksi myös toiselle. Jos näin on, tee se ilomielin. Tärkeintä kuitenkin on, että annat anteeksi itsellesi.

Katkeruus

Katkeruuden tunne johtuu usein siitä, että tunnet itsesi olosuhteiden uhriksi. Olet ilman omaa syytäsi joutunut elämäntilanteeseen, jota et ole mielestäsi ansainnut. Ikään kuin ulkopuolinen maailma tekisi elämäsi vaikeaksi. Jos mahdollista, tunnista oma ajattelutapasi. Oivalla, että olet itse vastuussa siitä, mitä elämässäsi tapahtuu. Sinun omat valintasi määrittelevät, millaiseksi elämäsi muodostuu, ei ulkopuoliset tekijät. Kerro itsellesi, että "päästän irti katkeruutta aiheuttavista ajatuksista ja annan itselleni anteeksi nuo ajatukset. Valitsen toisin." Toista tämä aina, kun ajatus tulee mieleesi. Opettele tekemään itse päätöksiä omasta elämästäsi, vaikka se onkin vaikea muutos.

Ylpeys

Ylpeyden tunteen takana on usein virheellinen käsitys omasta itsestäsi. Sinulla on liioiteltua itsevarmuutta ja itseluottamusta. Sinulla on tarve olla oikeassa. Et ole valmis ottamaan neuvoja vastaan. Et hyväksy, että kukaan on sinun yläpuolellasi. Se tekee sinusta itsestäsi omissa silmissäsi auktoriteetin, joka hallitsee elämääsi ja jota muiden pitää kunnioittaa. Sinun on vaikea hyväksyä erilaisia näkökulmia. Jos mahdollista, tunnista ajattelutapasi. Kerro sitten itsellesi, että "päästän irti ajatuksista, että minun on oltava aina oikeassa, annan itselleni anteeksi nuo ajatukset. Valitsen toisin." Toista tämä aina, kun ajatus tulee mieleesi. Opettele myötätuntoa muita kohtaan. Uskalla myöntää olevasi väärässä.

Ahneus

Ahneuden tunteen takana, samoin kuin kateudenkin takana, on voimakas tunne siitä, että "minulta puuttuu" jotain. Ahneus johtaa käyttäytymiseen, jossa haluat kaikin keinoin varmistaa, että sinulla on mahdollisimman paljon rahaa ja omaisuutta tai muuta, koska pelkäät, että se joko häviää tai joku vie sen pois sinulta. Käyttäytyminen johtaa usein tilanteisiin, joissa otat itsellesi toisten omaa, jotta varmistat itsellesi paljouden. Jos mahdollista, tunnista ajatusmallisi. Kerro itsellesi, että "päästän irti puutetta ylläpitävistä ajatuksista ja luotan, että minulla on kaikki, mitä tarvitsen ja kaikki, mikä minulle kuuluu. Valitsen toisin." Toista tämä aina, kun ajatus tulee mieleesi.

Mustasukkaisuus

Mustasukkaisuuden tunteen perussyynä on usein se, että et rakasta itseäsi. Et hyväksy itseäsi sellaisena kuin olet. Koet arvottomuuden tunnetta, ikään kuin et ansaitsisi sitä, mitä sinulla on tai mitä sinulle tarjotaan. Haluat epätoivoisesti varmistaa, että toinen ihminen pysyy vierelläsi, vaikka sisäisesti tunnet, että et ole toisen ihmisen

arvoinen. Jos mahdollista, tunnista ja hyväksy tapasi aja-
tella. Kerro sitten itsellesi, että "päästän irti noista ajatuk-
sista, koska olen arvokas, hyväksyn itseni, annan itselleni
anteeksi nuo ajatukset ja ansaitsen kaiken, mikä minulle
annetaan. Valitsen toisin." Toista tämä aina, kun ajatus tu-
lee mieleesi.

KÄYTTÄYTYMINEN TOISIA KOHTAAN

Kaikki negatiiviset ja positiiviset uskomukset vaikuttavat
siihen, miten kohtaamme toisen ihmisen tai tilanteen.

Lisäksi lähtökohtatilanteeseen vaikuttavat tietoisuuden ti-
lan perustilanteet. Kun olemme tulleet tänne tähän tietoi-
suuteen, valitsemme yleensä jonkun kolmesta perusvaih-
toehdosta:

A. Valitsemme vaihtoehdon, jossa haluamme saada uh-
rina olemisen kokemuksen. Tämä on tyypillinen valinta.
Uhrin näkökulmasta katsottuna olemme sitä mieltä, että
ulkopuolinen maailma tekee elämästämme sellaisen kuin
se meille näyttäytyy. Elämämme valinnat eivät ole omissa
käsissämme, vaan ulkopuolisen maailman aiheuttamia.
Me ikään kuin vain vastaanotamme sen, mitä elämä heit-
tää eteemme ja yritämme pärjätä sen kanssa. Tämä luo pe-
rusasetelman käyttäytymiselle ulkomaailmaa kohtaan.

B. Valitsemme vaihtoehdon, jossa haluamme saada pa-
hantekijän kokemuksen. Tämä on usein seurausta aikai-
semmista uhrina olemisen kokemuksista. Tunnemme, että

meillä on oikeus sortaa toisia ihmisiä, koska olemme itsekin joutuneet kohtaamaan uhrin kärsimyksiä. Kuitenkin on niin, että pahantekijätkin ovat perustaltaan vain uhreja, koska he eivät ole vielä päässeet irti uhrin näkökulmasta.

C. Valitsemme vaihtoehdon, jossa haluamme saada pelastajan kokemuksen. Pelastaja tunnistaa sekä uhrin että pahantekijän näkökulman ja kokemuksen ja haluaa auttaa uhria pääsemään eroon pahantekijästä. Pelastajan haasteena on kuitenkin se, että hän saattaa usein joutua itsekin uudestaan sekä uhrin että pahantekijän tilanteeseen yrittäessään ratkaista uhrin tilannetta.

Kun kohtaamme toisen ihmisen, esimerkiksi vaikka ulkomaalaisen, tapahtuu seuraavaa:

Tietoisuutesi ajattelee > syntyy ajatus ulkomaalaisen ihmisen kohtaamisesta > tietoisuutesi lisää tuohon ajatukseen kaikki aikaisemmin opitut käsitykset ja uskomukset, jotka liittyvät tuohon ulkomaahan, sen ihmisiin, kulttuuriin ja muihin siihen liittyviin ilmiöihin > tietoisuuteen syntyy tunne edellisten uskomusten seurauksena > tietoisuutesi tekee tulkinnan siitä, miten edessä olevassa tilanteessa edellisten perusteella tulee toimia > käyttäytymisesi alkaa, jolloin sisäinen tilasi näkyy toimintana > kohtaaminen ulkomaalaisen ihmisen kanssa tapahtuu.

Käyttäytyminen toisia kohtaan tarjoaa tilaisuuden päästää irti mm. seuraavista tyypillisistä toimintatavoista:

Arvostelu

Koska elämme tässä tietoisuudessa, jossa usein koemme, että ympäröivä maailmamme määrittelee, minkälaista elämämme täällä on, on helppo etsiä syyllisiä itsemme ulkopuolelta. Tämä johtaa siihen, että kanssaihmiset alkavat näyttäytyä syyllisinä meidän epätyydyttävään olotilanteemme. Alamme moittia ja arvostella toisia heidän tekemisistään, koska koemme, että he aiheuttavat omilla valinnoillaan meidän pahanolomme. Arvostelusta luopuminen on yksi keskeisiä asioita, joiden avulla voimme puhdistaa tietoisuuttamme.

Tuomitseminen

Tuomitseminen on arvostelusta syntyvä johtopäätös. Kun kanssaihmiset eivät toimi meidän haluamallamme tavalla, on helppo tuomita heidän toimintansa vääräksi. Tuomitsemisen perussyy voi syntyä mistä tahansa negatiivisesta ajatusmallista. Kun pystyt luopumaan tuomitsemista synnyttävistä ajatuksistasi, pystyt antamaan itsellesi anteeksi ja hyväksymään toiset ihmiset sellaisina kuin he ovat.

Myönteiset ajatukset ja tunteet, jotka edistävät tietoisuutesi värähtelytason nousua ja laajentumista:

Hyväksyminen

Negatiivisista ajatuksista luopuminen saa aikaan sen, että alat hyväksyä ensin itsesi sellaisena kuin olet, sitten toiset ihmiset sellaisina kuin ne ovat ja lopulta koko maailman sellaisena kuin se sinulle näyttäytyy.

Anteeksi antaminen

Anteeksi antaminen on ehkä kaikkein tärkein yksittäinen teko, jonka voit tehdä. Tärkeintä on antaa anteeksi itsellesi kaikki ne ajatukset, käsitykset ja uskomukset, joita sinulla on ja jotka ovat haitallisia myönteisen kehityksen kannalta. Anteeksiantaminen saa aikaan vapauden tunteen. Kun olet päästänyt irti negatiivista, haitallisista ajatuksista, mielesi vapautuu niistä ja tunnet olosi kevyemmäksi. Usein haluat myös antaa anteeksi toisille, vaikka kysymys on sinun omista ajatuksistasi toisia kohtaan.

Myötätunto

Myötätunto on tunne, joka seuraa siitä, että olet hyväksynyt itsesi ja muut sekä antanut itsellesi anteeksi. Sen jälkeen kykenet tuntemaan myötätuntoa kanssaihmisiä kohtaan. Ymmärrät, että he ovat samassa tilanteessa kuin sinäkin. Ymmärrät, että et voi ratkaista toisten tietoisuuksien ongelmia, voit vain kuunnella ja olla myötätuntoinen ja siten tukea toisen omaa työtä tietoisuutensa puhdistamisessa.

Kiitollisuus

Kiitollisuus syntyy sen jälkeen, kun ymmärrät, että kaikki, mitä sinulle "tapahtuu", on sinulle hyväksi ja auttaa sinua valitsemaan Rakkauden ajatuksia. Olet kiitollinen kaikesta, olet kiitollinen kaikille kanssaihmisille heidän panoksestaan ja olet kiitollinen, että saat kokea Rakkautta.

Rakkaus

Kun pystyt tuntemaan Rakkautta (isolla R:llä), olet saavuttanut sen, mitä olet etsinyt. Olet palannut kotiin, siis takaisin sinne, mistä olet lähtöisin.

12. TIETOISUUTEMME TULEVAISUUS

Ihmiskunta on tällä hetkellä keskellä suurta tietoisuuden laajentumisen tapahtumaa ja itse asiassa massiivinen ulottuvuuksien yli kattava muutos on menossa koko luomakunnassa. Tämä muutos koetaan maapallolla siten, että tietoisuuden taso nousee, havaintokyky laajentuu ja ajatusten seurausten ilmeneminen nopeutuu. Tämä muutos on toki vain pieni ilmentymä siitä kokonaisvaltaisesta kehitysprosessista, jota koko maailmankaikkeus käy läpi jatkuvasti. Tietoisuuden laajentumisprosessi on ehkäpä kaikkein tärkein ja perustavanlaatuisin maailmankaikkeuden elementti. Vain Itsen moniulotteinen luonne ja olemassaolo sekä todellisuuksien luomisen mekaniikan lait ovat yhtä tärkeitä. Laajentumisprosessista on keskusteltu läpi historian ns. taivaaseenastumisen tapahtumana ja se on usein ymmärretty väärin tai sitä on yksinkertaistettu liikaa. Taivaaseenastumisessa ei ole kysymys menemisestä johonkin korkeampaan "paikkaan". Siinä on kysymys korkeamman tietoisuuden tason saavuttamisesta, yhdistymisestä uudelleen Itsesi korkeampiin tasoihin sekä viime kädessä yhdistymisestä täydellisesti korkeamman Itsesi kanssa. Ja lopulta yhdistyminen itsensä Alkulähteen tietoisuuteen.

Tietoisuuden laajentuminen on osa maailmankaikkeuden olennaisinta muutosdynamiikkaa eikä sitä voi ymmärtää oivaltamatta, että maailmankaikkeus on tietoisuus ja ymmärtämättä, kuinka tuo tietoisuus on rakentunut. Kaikki on energiaa. Kaikki on tietoisuutta. Kaikki fyysisten aistiemme näkökulmasta näkyvät tai näkymättömät, mukaan lukien aine, ovat pelkästään energian muotoja. Maailmankaikkeus on energiakenttä ja tuo energiakenttä on tietoisuus. Miten ja miksi näin on, on vieläkin hieman mysteeri, mutta kaikesta huolimatta tietoisuus on maailmankaikkeuden perusainetta ja kaikki muu on vain siitä johdettua. Tietoisuutemme ei ole fyysisten aivomme tuotosta, kuten nykypäivän tiede haluaisi meidän uskovan. Se on maailmankaikkeuden tietoisuuden säie. Maailmankaikkeudessa on olemassa vain yksi tietoisuus ja se on meidän jokaisen Alkulähde.

Kuten edellä kuvattiin, maapallo ja koko sen ihmiskunta ovat suuren muutoksen äärellä. Tämä muutos on todellakin järisyttävän iso muutos. Mutta vastoin kaikkia ennustuksia, muutos on positiivinen, suorastaan autuaallinen. Maapallolle ei käykään huonosti eikä ihmiskunnallekaan käy huonosti, vaikka tämän suuntaisia ennusteita ja ennustuksia on kuultu vuosikymmenien ajan, jopa ihan perustellustikin. Sen sijaan maapallo, joka on ihmisten tavoin henkiolento, jolla on oma tietoisuutensa ja energiansa, tulee nostamaan tietoisuutensa värähtelytasoa huomattavasti. Maapallo tulee nostamaan tietoisuuden tasonsa viidennen ulottuvuuden tasolle, joka vastaa sitä tasoa, josta maapallo ja sen asukkaat ovat alun perin lähtöisin ennen kolmiulotteiseen maailmaan syntymistä. Voidaan siis sanoa, että olemme palaamassa kotiin. Koska maapallo, josta käytetään myös nimitystä Gaia, alkaa värähdellä uudella tasolla, se tarkoittaa myös sitä, että maapallolla elävien ihmisten, eläinten ja kasvien tulee myös nostaa omaa tietoisuuden tasoaan samalle tasolle voidakseen jatkaa elämistä maapallolla. Nykyinen raskas ja negatiivinen kolmiulotteinen tietoisuus ei voi enää toimia maapallolla tämän muutoksen jälkeen. Tämä tulee aiheuttamaan paljon muutoksia ihmisten elämässä ja tietoisuudessa. Ja mikä on merkittävää ja lohdullistakin, on se, että tuo muutos on jo alkanut hyvän aikaa sitten. Ja muutoksen toteutuminen on väistämätöntä. Sitä ei enää kukaan voi välttää eikä estää.

MUTTA MITEN TÄHÄN ON TULTU?

Ymmärtääksemme tämän muutoksen tarpeellisuutta ja merkitystä, on syytä tarkastella, miten maapallo ja me ihmiset olemme joutuneet tähän tilanteeseen. Pitempi kuvaus löytyy kirjan luvusta 13.

Tiede on omilla mittauksillaan jo kauan sitten tullut siihen lopputulokseen, että maapallo ja maailmankaikkeus ovat syntyneet alkuräjähdyksen seurauksena. Kun asiaa tarkastellaan Alkulähteen näkökulmasta, tilanne näyttää erilaiselta. Alkulähde ja luomakunta ovat olleet olemassa ikuisesti, kun taas maapallon iäksi on arveltu 14 miljardia vuotta. Siis, jos maapallo on syntynyt eräänlaisessa alkuräjähdyksessä, se tarkoittaa sitä, että Alkulähde on ollut katsomassa tuota tapahtumaa. Meidän havainnoimamme maailmankaikkeus on vain yksi, kolmiulotteinen maailmankaikkeus koko olemassaolon kentässä. Olipa sen syntymekanismi teknisesti ottaen minkälainen tahansa, se on luotu kosmisen luomismekanismin avulla ja sillä on omat lainalaisuutensa, joita emme ole voineet tästä maailmasta käsin ymmärtää.

Maailmankaikkeudessa kaikki syntyy luomisen seurauksena. Alkulähde on käynnistänyt luomisketjun, jatkuu maailmankaikkeudessa ja tietenkin myös meidän maailmassamme. Jotkut Alkulähteen ajatusten seurauksena luodut, rakkaudelliset tietoisuudet ovat jossain vaiheessa päättäneet luoda planeetan, jonka tunnemme Maapallona. Maapallon oli tarkoituksena toimia koekenttänä tutkimuksessa, jossa haluttiin saada parempi käsitys tietoisuuden ja energian suhteesta. Koska maailmankaikkeuden perussääntönä on oppiminen, kaikki henkiolennot hakevat kokemuksia, joiden avulla he oppivat itsestään jotain uutta, tavoitteena kehittää omaa tietoisuutta kohti yhä korkeampaa tietoisuuden tasoa. Maapallosta on monien vaiheiden seurauksena kehittynyt ympäristö, jossa erityisten, haasteellisten kolmannen tiheyden tarjoamien kokemusten hankinta on mahdollista.

Maapallon asuttamiseen on nähtävästi eniten vaikuttanut sivilisaatio nimeltään Plejadit (engl. Pleiadians). Plejadit on kuudennella tietoisuuden tasolla (6D) asustava, rakkaudellinen kansakunta. Näyttää siltä, että Plejadit ovat ihmiskunnan esi-isiä, koska he ovat luoneet ensimmäiset elolliset olennot maapallolle. Ihmiskunnan ikää on varsin vaikeaa arvioida, koska ihmiskunta siinä muodossa kuin me sen ymmärrämme, on synnytetty useaan otteeseen.

Keskeinen ominaisuus, jota maapallolle syntyneet tietoisuudet opettelivat, on vapaan tahdon harjoittaminen. Vapaa tahto toimii toki jokaisessa maailmankaikkeuden todellisuudessa, mutta maapallolle luotu kolmannen tiheyden todellisuus on tässä suhteessa sangen erilainen. Tämä todellisuus on kaikkein kauimmaisena Alkulähteen tietoisuudesta sijaitseva maailma. Mitä lähempänä Alkulähteen tietoisuutta todellisuus on, sitä voimakkaampi on siellä asustavien henkiolentojen yhteenkuuluvaisuuden tunne Alkulähteen kanssa. Koska maapallon todellisuus on kaikkein kauimpana, yhteys Alkulähteeseen on täällä asuvien ihmisten näkökulmasta lähes katkennut. Lähempänä Alkulähdettä sijaitsevien todellisuuksien olennoilla on mahdollisuus tehdä valintoja sillä rajoituksella, että he kuitenkin tietävät olevansa yhtä Alkulähteen kanssa. Siellä ei voi harjoittaa vapaan tahdon valintoja siten, että valitsisi jotain, joka ei olisi lähtöisin rakkaudesta eli Alkulähteestä. Sen sijaan maapallon asukkaat eivät enää tunnista maailmankaikkeuden rakkautta, joten kaikki negatiivisetkin valinnat ovat mahdollisia ja sangen suosittuja. Tuon mahdollisuuden tarjoaa meille tietoisuutemme sisällä toimiva käsite ego, joka on jokaisen maapallolle inkarnoituneen mukana koko elämän ajan.

Maapallon ihmiset eivät pärjänneet kovin hyvin tuon vapaan tahdon kanssa. Omien valintojensa seurauksena ihmiskunta tuhoutui tai se tuhosi itsensä peräti neljä kertaa. Näihin aikaisempiin sivilisaatioihin kuuluivat mm. tunnetut Lemuria ja Atlantis. Nykyinen ihmiskunta on maapallon viides sivilisaatio.

Plejadien, tuon rakkaudellisen sivilisaation, tarkoituksena oli alun perin luoda rakkaudellinen todellisuus myös maapallolle. Sitä se olikin aluksi jonkin aikaa, kunnes

124

tilanne alkoi muuttua. Muutkin sivilisaatiot alkoivat olla kiinnostuneita maapallon sivilisaatiosta ja olosuhteista. Vähitellen maapallolle pesiytyivät myös negatiivisten, jopa pahojen sivilisaatioiden edustajia. Itse asiassa on järkyttävää saada tietää, että ihmiskuntaa on pidetty panttivankina tuhansia ja tuhansia vuosia. Tästä ovat vastuussa alhaisten tietoisuuksien, siis negatiivisten ja pahuuden energioiden vallassa olevat, mutta kuitenkin luomiskyvyltään hyvin voimakkaat sivilisaatiot. Nykyistä maapallon sivilisaatiota ovat pitäneet vankinaan Annunnaki-niminen sivilisaatio sekä eräät Sirians ja Reptilians -sivilisaatiot. Heidän kykyjään kuvaa hyvin se, että pystyivät eristämään maapallon asukkaat Alkulähteestä. He muokkasivat maapallon asukkaiden tietoisuutta siten, että se esti ihmisiä saamasta intuitiivista yhteyttä omiin ylemmän tietoisuuden tason ilmentymiinsä, mikä loi harhakuvan siitä, että ihmiset ovat yksin ja erillään Alkulähteestä. Tällä tavalla vangitsijoilla oli erinomainen mahdollisuus vaikuttaa ihmiskunnan tietoisuuteen ilman, että kukaan voi sitä estää. Ja tätä on siis jatkunut jo tosi kauan. Lue tarkemmin kohdasta 13.

Annunnaki-sivilisaation olennot ovat hallinneet ihmiskuntaa monella tavalla. He ovat manipuloineet ihmisen egoa siten, että pahimmat negatiiviset puolet ovat vallanneet ihmisen mielen. He ovat lähettäneet edustajiaan maailmaamme meidän tietämättämme, ja sitä kautta ottaneet haltuunsa valtioita, poliittisia järjestelmiä, raha- ja pankkimaailman sekä lääketieteen ja teknologisen kehityksen. Ihmiskunnalta on pimitetty suuri joukko sairauksia parantavia lääkekeksintöjä sekä teknologisia keksintöjä ja intuitiivisia kykyjä, jotta se ei kehittyisi liikaa tai alkaisi ymmärtämään yhteyden Alkulähteeseen olevan mahdollista ja peräti kuuluvan sen perusoikeuksiin. Useat sivilisaatiot ovat vierailleet maapallolla, mutta näitä UFO-havainnoiksi luokiteltuja tapahtumia on pidetty salassa tai leimattu huuhaaksi, vaikka ne ovat täysin totta. Ihmiskunnalle ei vain ole haluttu antaa mahdollisuutta löytää oikeaa todellisuuttaan. Vain valitettavan harvat ovat tietoisia siitä, että ihmiskunta ei itse ole kokonaan vastuussa maapallon saattamisesta niin huonoon kuntoon kuin mitä se tällä hetkellä on.

Tällä mallilla ihmiskunta on siis kulkenut tietään tähän päivään saakka. Plejadit ja muut ylempien tietoisuuksien sivilisaatiot ja olennot eivät kuitenkaan ole olleet toimettomina katsomassa maapallolle aiheutettua kärsimystä. He ovat jo pitkän aikaa suunnitelleet maapallon vapauttamista panttivankeudesta. Suunnitelmaa on valmisteltu jo pitkään ja nyt tuo muutos alkanut konkretisoitua. Valmistelua on tietenkin tehty paljolti maapallon asukkaiden näkymättömissä, mutta nyt tuo muutos alkaa toden teolla näyttäytyä myös ihmisille.

Eräs merkittävä vedenjakaja maapallon tulevaisuuden suhteen tapahtui vuonna 1987. Maapallon nykyinen, viides sivilisaatio, näytti menevän samaa rataa kuin aikaisemmat sivilisaatiot eli tulevan tuhoamaan itsensä. Plejadit olivat nähtävästi jo muutaman kerran estäneet ydinsodan puhkeamisen maapallolla ja vartioivat jatkuvasti, etteivät ihmiset onnistuisi Anunnakien tekemän manipuloinnin seurauksena tuhoamaan itseään. Kaikilta

126

korkeammilta tietoisuuksilta, jotka olivat luoneet itsestään ilmentymän (inkarnaation) maapallolle, kysyttiin seuraava kysymys: "Haluatko, että maapallo tuhoutuu?". Vastaus oli yksimielinen – "en". Tästä muodostui käännekohta maapallon kehityksen kannalta. Maapallon sivilisaation ei siis annettaisi tuhoutua tällä kertaa, niin kuin se oli tapahtunut muutaman kerran aikaisemmin. Vuodesta 1987 käynnistyi 36 vuoden aikaikkuna, jonka aikana maapallo ja ihmiskunta muuttuisivat jälleen "taivaalliseksi" maailmaksi, joksi se oli alun perin luotukin.

Eräs toinenkin päivämäärä on osoittautunut merkittäväksi ihmiskunnan kannalta. Muinainen mayakulttuurin kansa ennusti, että maailmanloppu tulee 21.12.2012. Ennustus kyllä toteutuikin, mutta loppu ei ollut aivan sellainen kuin pelättiin. Tuona päivämääränä loppui ihmiskunnan ns. selviytymisen aikakausi. Selviytymisen aikakautta pidettiin yllä negatiivisen energiakentän avulla, joka sai ihmiset taistelemaan toisiaan vastaan pysyäkseen itse elossa ja saadakseen itselleen sen, mitä kuvittelivat itseltään puuttuvan. Tuon päivämäärän jälkeen alkoi uusi aika, jota voidaan pitää "myötätunnon" aikakautena. Vähitellen maapallolle virtasi uudenlaista energiaa, joka edisti positiivisuuden ja myötätunnon lisääntymistä ihmiskunnan keskuudessa. Vaikka vielä tälläkin hetkellä (v 2020) tilanne maapallolla vaikuttaa kaoottiselta ja sotaisalta, se on kuitenkin menossa kohti parempaa tulevaisuutta.

Voisi kysyä, että miten tällainen kokonaisen ihmiskunnan ottaminen panttivangiksi on yleensä mahdollista?

Maailmankaikkeushan on Rakkaudesta lähtöisin oleva kokonaisuus, miten siinä voi olla tällaista pahuutta? Ihmiskuntaa on todellakin estetty tehokkaasti valitsemasta sellaisia vaihtoehtoja, jotka kuuluvat sen oikeuksiin. Siis valita jokaisessa valintatilanteessa Rakkaudesta lähtöisin oleva vaihtoehto. Nyt ihmiskunta ei juurikaan ole tästä vaihtoehdosta tietoinen vaan joutuu valitsemaan egon tarjoamista negatiivisuutta edistävistä ja Alkulähteestä kauemmaksi vievistä vaihtoehdoista. Toisin sanoen pahantekijäsivilisaatiot ovat siinä mielessä tehneet pahuutta ihmiskuntaa ja maapalloa kohtaan ottamalla pois sille kuuluvat valinnanmahdollisuudet. Nämä sivilisaatiot ovat toisaalta tehneet omia valintojaan alistamalla ihmiskuntaa omien tarkoitusperiensä toteuttamiseksi. Maailmankaikkeuden lakien mukaan kaikilla valinnoilla on aina seurauksensa. Niinpä nämä sivilisaatiot joutuvat kohtaamaan nyt tekemiensä valintojen seuraukset. Kun pahantekijöiden aika maapallolla loppuu, he palaavat takaisin toiseen tietoisuuteen, jossa he kohtaavat tekojensa seuraukset.

MITEN MUUTOS TAPAHTUU?

Kuten alussa todettiin, maapallolla on myös oma tietoisuutensa. Kun maapallo luotiin kauan sitten, sen tietoisuus oli seitsemännen ulottuvuuden tasolla. Negatiivisten sivilisaatioiden toimien ansiosta sen värähtelytaso on laskenut aina kolmannen tiheyden tasolle asti, mikä on sen kannalta varsin vahingollista. Anunnakien ja Sirialaisten sivilisaatiot sekä niiden manipulaation vaivaama ihmiskunta ovat kohdelleet maapalloa kaikella muulla kuin rakkaudella. Tuhoa ja hävitystä on riittänyt. Juuri tämä tilanne on johtanut siihen, että maapallon tietoisuuden taso nousee takaisin viidennen ulottuvuuden tasolle, josta se pystyy omatoimisesti siirtymään alkuperäiselle tasolle. Sen kärsimys lakkaa.

Miten maapallon tietoisuuden nostaminen tapahtuu? Maapallohan on ollut kolmiulotteisen tietoisuuden vallassa. Nyt nykyisen maapallon "rinnalle" syntyy uusi Maapallo. Puhutaan "Uusi Maa" -käsitteestä. Se ei ole fyysisesti uusi planeetta, vaan "Uusi Maa" on viidenteen ulottuvuuteen syntynyt todellisuus. Fyysisesti maapallo on edelleen sama, mutta energian näkökulmasta se toimii sekä kolmiulotteisena että viisiulotteisena todellisuutena. Koska kolmiulotteinen ja viisiulotteinen todellisuus on energiatasolla niin kaukana toisistaan, nämä todellisuudet eivät näe toisiaan. Tarkemmin sanottuna, kolmiulotteisesta todellisuudesta käsin ei voi havainnoida viisiulotteista todellisuutta, mutta toisin päin asia kyllä onnistuu. Kuten tälläkin hetkellä, mutta me emme ole siitä tietoisia. Kun ihmisen kolmiulotteisen tietoisuuden värähtelytaso nousee tarpeeksi, hän pystyy havainnoimaan ja lopulta ankkuroitumaan viidennen ulottuvuuden todellisuuteen tällä samalla maapallolla.

Maapallon tietoisuuden nousu tarkoittaa sitä, että negatiiviset sivilisaatiot eivät enää voi asustaa maapallon energiakentässä. Myös ihmiskunnan kannalta tämä merkitsee erittäin suuria asioita. Suurin osahan ihmisistäkin elää kolmannen tiheyden tietoisuudessa, jota siis hallitsee negatiivisuus ja usko erillisyyteen Alkulähteestä. Kun maapallon tietoisuus on noussut viidennen ulottuvuuden tasolle, eivät kolmiulotteisessa tietoisuudessa elävät ihmiset voi enää asua siellä. Ne tietoisuudet, jotka eivät ole suunnitelleet siirtyvänsä viidenteen ulottuvuuteen nykyisen inkarnaation aikana, jatkavat kokemuksiaan kolmiulotteisessa todellisuudessa, kunnes ovat valmiita etenemään. Ketään ei jätetä.

4D-TIETOISUUS JA 5D-ULOTTUVUUS

Olemme siirtymässä neljännen tiheyden tietoisuuteen. Neljännen tiheyden tietoisuus toimii viidennen ulottuvuuden mukaisessa todellisuudessa. Alla on kuvattu joitain asioita, joita voidaan odottaa tapahtuvan, kun alamme siirtyä korkeamman tietoisuuden todellisuuteen.

KEHO MUKAAN

Keskeisin ominaisuus viidenteen ulottuvuuteen siirtymisessä on eräs asia, jota ei ole vielä koskaan tapahtunut maailmankaikkeudessa. Tähän mennessä, kun tietoisuus siirtyy ylemmäs, keho kuolee. Mutta tällä kertaa tilanne on erilainen. Eläimet, kasvit yms. nostavat omaa värähtelytasoaan automaattisesti ja siirtyvät siten joustavasti Gaian mukana korkeampaan todellisuuteen. Ihmisen tietoisuuden on kuitenkin yritettävä nostaa kehonsa värähtelytasoa siten, että se on mahdollisimman lähellä neljännen tiheyden tasoa, jotta keho voisi toimia sillä tasolla.

Tämä ei ole helppoa, eivätkä kaikki sitä tee tai halua tehdä. Maailmankaikkeus kuitenkin lähettää maapallolle uutta korkeampaa energiaa, jota tietoisuudet voivat käyttää hyväkseen nostaakseen kehojensa värähtelytasoa.

On hyvä vielä muistaa, että kun siirrymme neljännen tiheyden tasolle, emme itse asiassa siirry yhtään mihinkään. Korkeampi tietoisuus tulee luoksemme tässä maailmassa ja kukin ihminen kokee sen hänen tietoisuutensa sallimalla tavalla.

Ihmiskunnan tietoisuuden nousu tapahtuu jokaisen ihmisen tietoisuuden kehittymisen summana. Jokainen meistä on vastuussa omasta värähtelytasomme nostamisesta. Kun kollektiivinen tietoisuutemme on kohonnut riittävästi, silloin alkaa neljännen tiheyden tietoisuus ja sen sisältämä rakkaus "valua" jokaisen tietoisuuteen. Koska suuri osa ihmisistä ei vielä tiedä, mitä on tapahtumassa ja toisaalta suurta joukkoa ihmisiä se ei kiinnosta, vaikka he sen tietäisivätkin, universumi ja sen korkeammat tietoisuudet helpottavat tehtävää kahdella tavalla.

Ensinnäkin tuo aikaisemminkin mainittu "myötätunnon" energia, joka yhä enemmän ja enemmän korvaa aikaisempaa "olemassaolon taistelun" negatiivista energiaa, tekee kaikille helpommaksi laajentaa omaa tietoisuuttaan ja tulla enemmän tietoiseksi muutoksesta ja siihen liittyvistä kysymyksistä. Tuota uutta energiaa on säteillyt maapallolle jo usean vuoden ajan ja sen voimakkuus lisääntyy koko ajan.

"KOSMINEN PULSSI"

Toista asiaa, joka ihmiskunnan näkökulmasta vauhdittaa muutosta voimakkaasti, voitaisiin kuvata nimityksellä "Kosminen pulssi". Nimi kuvaa asiaa sangen osuvasti, koska Alkulähteestä lähetetään maapalloa kohti rakkaudellista energiaa useina pulssimaisina aaltoina, jotka vaikuttavat jokaiseen ihmiseen tässä maailmassa. Tapahtuma on myös tunnettu nimellä "The Event" (Tapahtuma). Pulssin toteutumisesta on saatu jatkuvasti tietoa ylemmiltä tietoisuuksien tasoilta erilaisten kanavoitujen viestien kautta. Tämän on arveltu tapahtuvan lähivuosien aikana, mutta koska maailmankaikkeudessa tapahtumien ajankohdat eivät ole absoluuttisen varmoja, joudumme odottelemaan sitä kärsivällisesti. Maailmankaikkeudessa luominen (=asioiden toteutuminen) perustuu todennäköisyyteen. Todennäköisyyden suuruutta ohjaa tietoisuus ja sen tahtotila. Maapallolla on jo tällä hetkellä riittävän monta tietoisuutta (ihmistä), joiden tahtotilana on pulssin toteutuminen (vaikka he eivät sitä ehkä tiedäkään). Tämä lisää toteutumisen todennäköisyyttä. Se tarkoittaa, että ihmiskunta ikään kuin itse luo tuon Rakkauden pulssin keskittämällä tietoisuuttaan sen toteutumisen puolesta. Mitä voimakkaampi tuo tahtotila on, sitä varmemmin ja nopeammin asia toteutuu.

MITÄ PULSSIN AIKANA TAPAHTUU?

Pulssiaaltojen aikana, ympärillä ja jälkeen tapahtuu sekä ihmisten sisäiseen maailmaan liittyviä muutoksia että ulkoiseen maailmaan liittyviä muutoksia. Pulssin tarkoituksenahan on antaa ihmisille mahdollisuus siirtyä ylemmälle tietoisuuden tasolle ja jättää nykyinen kolmiulotteinen tietoisuus taakseen. Jokaisen ihmisen Korkeampi Itse on myös sillä tasolla päättänyt, nouseeko ihmisen tietoisuus nyt vai ei. On muistettava, ettei ole olemassa oikeata tai väärää tapaa tehdä tämä asia. Mikäli ihmisen tietoisuus ei ole vielä valmis poistumaan kolmiulotteisesta maailmasta, silloin ei pulssin seurauksena syntyvää siirtymisprosessia neljännen tiheyden tietoisuuteen tapahdu. Ihminen on oman henkisen kehityksen matkallaan sellaisessa pisteessä, että siirtyminen neljännen tiheyden tietoisuuteen ei ole juuri nyt oikea valinta. Hän jatkaa kokemustensa hankkimista edelleen kolmiulotteisessa tietoisuudessa. Toisaalta, jos kolmiulotteisessa todellisuudessa ei enää ole opittavaa, ihmisen tietoisuus voi siirtyy korkeammalle tasolle.

Ihmiset tulevat suhtautumaan pulssin tuomiin sisäisiin muutoksiin eri tavoilla.

Ne ihmiset, jotka ovat nostaneet tietoisuuttaan jo matkansa aikana, kokevat pulssin rakkaudellisena kokemuksena. He tulevat toimimaan muiden ihmisten opettajina, ohjaajina, mentoreina jne. heidän matkallaan kohti korkeampaa tietoisuutta. Tämä on suhteellisen pieni joukko ihmisiä. Kyseessä on kuitenkin jokaisen henkilökohtainen kehitysprosessi, jota em. ihmiset vain avustavat. He eivät ole guruja.

Osalle ihmisistä herää pulssin vaikutuksesta voimakas halu kehittää itseään henkisesti kohti korkeampaa tietoisuutta. He haluavat kiihkeästi apua ja ovat vastaanottavaisia henkimaailman asioille.

Osa ihmisistä ei vielä tässä inkarnaatiossa halua "herätä" eli nostaa tietoisuuttaan korkeammalle tasolle. Vähitellen pulssin jälkeen heidät valtaa epäilys, eivätkä he tahdo edistyä omalla henkisellä polullaan nykyisen maailman ulkopuolelle.

Joukko ihmisiä on osallistunut väkivallan tekoihin, varsinkin ihmiskuntaan laajemmin vaikuttaneisiin, itsekkäistä lähtökohdista tehtyihin kauheuksiin. Heidät voidaan jakaa vielä kahteen ryhmään:

Ne ihmiset, jotka ymmärtävät tehneensä suurta vääryyttä, mutta suostuvat kohtaamaan omien tekojensa seuraukset. Tämä vaatii suurta rohkeutta ja tulee olemaan tuskallinen tie.

Ne ihmiset, jotka eivät välitä tekojensa seurauksista, vaan pyrkivät kaikin keinoin karkuun rangaistusta, mikä heille on tiedossa. He joutuvat vastaamaan henkimaailmassa tekemisistään. Voi kuvitella, että heidän kohtalonsa ei ole miellyttävä. Tähän soveltuu hyvin eräs maailmankaikkeuden perussäännöistä *"Sen, minkä teet toiselle, teet myös itsellesi."*

Varsinaisesta pulssitapahtumasta on erilaisia näkemyksiä. Intuitiiviset ihmiset saattavat tietää sen tulosta jo jonkin aikaa etukäteen. Ensimmäisen pulssin sanotaan muistuttavan "kosmista pulssia". Se on nopea valon välähdys, joka pyyhkäisee maapallon läpi. Jokainen ihminen tuntee tuon aallon vaikutuksen. Miten tuo aalto vaikuttaa kunkin ihmisen kehoon, riippuu ihmisen tietoisuuden tasosta. Mitä lähempänä ihmisen tietoisuus on neljännen tiheyden tasoa, sitä taivaallisempi tuo kokemus tulee olemaan. On sanottu, että ihminen voi kokea aallon aikana tai sen jälkeen suunnatonta ehdotonta rakkautta, yhteenkuuluvuuden tunnetta kaiken kanssa, tuntee olevansa ikuinen olento ja saa tietoa tehtävästä, jota varten hän on tällä kertaa inkarnoitunut. Toisaalta, jos ihminen on syvällä kolmannessa tietoisuudessa, hän saattaa kokea vain vähäisen, joskin selkeästi tunnistettavan, tunteen, kun aalto läpäisee hänet. Osalle kokemus saattaa olla epämukava, jopa kivulias.

Ensimmäisen pulssin jälkeen rantautuvat seuraavat pulssiaallot, joiden ajankohdasta ei ole selvää käsitystä. Kysymys voi olla tunneista, päivistä, viikoista tai kuukausista. Kaikki myöhäisemmät aallot vahvistavat ensimmäisen pulssin aiheuttamia tunteita ja muutoksia. Tuloksena on koko planeetan ja ihmiskunnan tietoisuuden kohoaminen.

Selvyyden vuoksi todettakoon vielä, että suurelle osalle ihmisiä pulssi on ikään kuin lähtölaukaus siirtymiselle neljännen tiheyden tietoisuuteen. Jokainen ihminen siirtyy sinne omalla tavallaan ja omalla aikataulullaan. Kenenkään aikataulu tai kokemus ei ole toista parempi.

Prosessi voi vielä useita vuosia, mutta vie perille tämän elämän aikana, jos tietoisuus on asian niin suunnitellut.

YHTEISKUNNALLISET MUUTOKSET

Kun ihmisen sisin alkaa muuttua ja hän alkaa elää korkeammassa tietoisuudessa, ei hänen ympärillään oleva maailma voi enää elää kolmiulotteisessa todellisuudessa ja varsinkin sen aiheuttamassa kaoottisessa ja väkivaltaisessa tilassa. Sen takia ennen pulssin tuloa, sen aikana, välittömästi sen jälkeen ja vielä vuosiakin sen jälkeen tapahtuu asioita, joiden avulla puhdistetaan yhteiskuntaa, luontoa ja itse Gaiaa.

Maapalloa ja ihmiskuntaa hallinneen valtaeliitin toiminta lopetetaan.

Tiedotusvälineet alkavat tuottamaan uutta informaatiota kansalaisille ympäri maailmaa. Salaiset toimet paljastetaan, salaiset avaruusohjelmat paljastetaan, piilotetut teknologiset keksinnöt paljastetaan.

Vähitellen kaikki piilotetut teknologiakeksinnöt vapautetaan ihmisten hyväksi. Vähitellen kaikilla on käytössään halpaa ja kestävää energiaa. Maailman vesipulaan löydetään ratkaisu. Vähitellen orgaanista ruokaa ja energiaa on kaikkien saatavilla.

Raha- ja pankkimaailmassa tulee suuria muutoksia, joiden lopputuloksena koko järjestelmä saa uuden muodon. Ihmisille taataan perustoimeentulo.

Fyysisen kehon parantaminen nopeutuu ja helpottuu merkittävästi. Uusi tieto, uudet parantamiskeinot ja uusi teknologia ovat vähitellen kaikkien saatavilla sekä fyysisen että psyykkisen parantamisen edistämiseksi. Ikääntymistä tapahtuu, mutta prosessi on helpompi ja miellyttävämpi kuin nyt.

Ihmissuhteet, varsinkin miehen ja naisen väliset suhteet tulevat paranemaan, koska ehdoton rakkaus lisääntyy jatkuvasti.

Sangen pian pulssin jälkeen tapahtuu ns. ensikontakti muiden sivilisaatioiden edustajien kanssa. Todennäköisesti ensimmäisenä ihmiskuntaa tervehtii Plejadien edustajat, koska heidän fyysinen olemuksensa on sangen paljon ihmisen kaltainen. He muistuttavat eniten Pohjoismaiden ihmisiä, joskin ovat jonkin verran pitempiä. Ihmiskunta tulee oivaltamaan, ettei se olekaan yksin tässä maailmankaikkeudessa, vaan kuuluu suureen taivaalliseen perheeseen täysivaltaisena jäsenenä. Vähitellen kontakteista tulee osa jokapäiväistä elämää.

MITEN VALMISTAUDUN MUUTOKSEEN?

On luonnollista, että ihmiset kysyvät, miten heidän pitäisi valmistautua tähän tapahtumaan ja sen jälkeisiin muutoksiin. Vai voiko niihin valmistautua? Paras tapa valmistautua on pyrkiä vapautumaan kaikesta negatiivisuudesta omassa mielessään. Negatiivisuus pitää ihmistä alemmassa tietoisuudessa ja värähtelytaajuudessa, jolloin pulssin korkeataajuinen rakkauden valo voi tuntua sangen epämiellyttävältä negatiivisessa mielessä ja kehossa. Toisten ihmisten arvosteleminen ja tuomitseminen on kaikkein negatiivisinta, mitä voit tehdä, väkivallasta puhumattakaan. Anteeksiantaminen ja myötätunto sekä kaikki rakkaudesta lähtöisin olevat ajatukset ja teot vievät omaa tietoisuuttasi tässä mielessä oikeaan suuntaan.

Muuten vain ole ja nauti. Asiat tapahtuvat maailmankaikkeuden täydellisellä ajoituksella. Anna virran viedä sinut mukaasi äläkä vastustele.

13. LYHENNELMÄ IHMISKUNNAN TIETOISUU-DEN KEHITYKSESTÄ

Seuraavissa luvuissa esitetty teksti on julkaistu You-Tube.com -sivustolla helmikuun 27. päivänä 2019, kana-vassa nimeltä Lery Aeterna.

Kyseessä on lyhennetty versio Sara O'Brienin (journalisti) ja Dr. Jamisson Nerudan välisestä keskustelusta. Dr. Ne-ruda on ollut tutkijana ACIO -organisaatiossa (Alien Contact Intelligence Organisation). Hän on jättänyt organisaa-tion. Tämä on Dr. Nerudan 5-osaisen haastattelusarjan viimeinen haastattelu. Haastatteluajankohta on vuosi 1998.

Luku 1.

Kun maapallo luotiin, se oli hyvin ainutlaatuinen pla-neetta. Se koostui alunperin kokonaan vedestä, mutta se, mikä teki siitä mielenkiintoisen, oli se, että sen ydin teki mahdolliseksi painovoiman syntymisen, mikä puolestaan teki manifestoitumisen mahdolliseksi (energiamuodossa olevan aineen muuttumisen materiaksi). Maapallo alkoi käydä läpi muutosta ulottuvuuksien välisistä ääniväräh-telyihin perustuvasta planeetasta fyysisen materian pla-neetaksi. Sen painovoimaa tuottava ydin teki mahdol-liseksi luoda sellaiset olosuhteet, jotka sallivat sen tehdä maailmankaikkeuden kausien aikana itsestään materiaksi muuttuvan planeetan.

Tapahtumaketju alkoi siihen aikaan, kun Atlantiksen asukkaat asuivat planeetalla. Tuo henkiolentojen rotu oli tuossa vaiheessa ainoa maapallolla asustava väestö. Jostain päin universumia etsiytyi Anunnaki-niminen rotu heidän luokseen ja he neuvottelivat sopimuksen, jonka mukaan Anunnaki voisi saada pääsyn erääseen tärkeään aineeseen, joka sijaitsi lähellä maapallon ydintä ja joka itse asiassa tunnetaan tänä päivänä nimeltä kulta. He tarvitsivat sitä. Tarkkaa syytä ei ole tiedossa, mutta sillä oli jotain tekemistä sen kanssa, miten kulta muuntaisi heidän kehonsa värähtelyä. Kulta oli elämän perusedellytys heidän rodulleen. Siinä oli ominaisuus, joka oli elintärkeä heidän hengissä pysymisensä kannalta. Aikakirjat ovat hieman epäselviä sen suhteen, miksi se oli niin tärkeää, mutta aikakirjoissa mainittiin, että koko planeetalla oli 12 suurkaupunkia ja ne kaikki olivat tehty puoliksi läpinäkyvästä kullasta. Jopa Ilmestyskirjassa on maininta tästä.

Anunnakit olivat rotu, jolla ei ollut fyysistä kehoa, vaan he olivat eteerisiä eri ulottuvuuksien välillä liikkuvia henkiolentoja. Koska Atlantiksella asuvat olivat tuohon aikaan ainoa maapallolla elävä rotu, Anunnaki pyysi heiltä lupaa perustaa kaivos maapallolle, ja Atlantiksen asukkaat suostuivat tähän. He eivät nähneet mitään ongelmaa tämän rodun auttamisessa. Nämä eivät olleet kilpailijoita, koska Atlantiksen asukkaat olivat suurempia ja heitä oli enemmän. Atlantiksen asukkaat halusivat saada aikaan sopimuksen Anunnakin kanssa, jos ei muuten, niin ystävystyäkseen heidän kanssaan ja saadakseen mahdollisesti hyötyä heidän teknologiastaan. Toisaalta kullankaivuu tapahtui myös sellaisessa osassa maapalloa, jolla ei ollut Atlastislaisille juuri merkitystä.

Maapallo alkoi yhä enemmän ja enemmän muuttua materiaksi. Se alkoi ikään kuin kovettua. Sen sisällä oleva kulta sekä kaikki muukin alkoi kiinteytyä. Kullankaivuu muuttuisi kohta Anunnakeille mahdottomaksi, koska he eivät pystyisi kaivamaan, ellei niillä itselläkin olisi fyysinen tila. Heidän kehonsa olivat eteerisiä. He eivät pystyneet kaivamaan kultaa, jos se oli fyysisessä muodossa. Heillä pitäisi olla kehot, jotka pystyisivät toimimaan maan päällä ja kaivamaan kultaa. Aikakirjamme eivät ottaneet kantaa aikatauluun, mutta oletan, että kysymys on kymmenistä tuhansista vuosista. Ydin on siinä, että heidän oli tarpeen luoda itselleen fyysinen kuori aivan kuin astronautti tarvitsee avaruuspuvun voidakseen asua avaruudessa. He tekivät satoja kokeiluja ja saivat apua sekä Atlantiksen asukkailta että Sirian planeetan asukkailta.

Me kutsumme noita Anunnakien tarvitsemia "avaruuspukuja" joskus myös ihmisunivormuksi. SiivenTekijät (engl. WingMakers, ihmiskunnan henkiolennot, jotka asuvat meidän näkökulmastamme katsottuna tulevaisuudessa) viittaavat niihin termillä "ihmisväline". Ne olivat esi-ihmisiä, pitemmälle katsottuna ne olivat edeltäjiämme. Viittaamme niihin termillä "Ihminen 1.0". Ne olivat täysin biologia olentoja, mutta "Ihminen 1.0" ei ollut täysin fyysinen olento. Se oli osaksi eeterinen. Anunnakit ja Sirialaiset suunnittelivat ne siten, että ne materialisoituivat samaan tahtiin kuin maapallo kiinteytyi. Joten kun maapallo kiinteytyi, niin tekivät myös nuo "ihmisvälineet".

Atlantislaiset olivat hyvin kehittyneitä olentoja, mutta nähtävästi kuitenkin naiiveja. Itse asiassa he antoivat Annunnakien kaivaa kultaansa maapallon kiinteytyessä, mutta sanoivat heille, että mikäli nämä pystyisivät kehittämään "kuoren", jonka avulla he voisivat jatkaa kullankaivuuta, se olisi hyväksyttävää, mutta vain pienessä mittakaavassa. Anunnakien ja Atlantislaisten välit kuitenkin rikkoontuivat ja Anunnakit alkoivat vehkeillä Sirialaisten sekä toisen rodun kanssa, josta käytettiin nimeä Matelijat. Kaikkia näitä rotuja kiinnosti, miten saada haltuunsa fyysisiä planeettoja. He näkivät maapallon eräänlaisena laboratoriona. Anunnakien ja Sirialaisten tavoitteena oli asettaa Atlantislaiset "ihmisunivormun" sisälle. Anunnakeilla oli jo "ihmisunivormu", heidän tarvitsi vain yksinkertaisesti löytää elämänlähde tai sielu, joka antaisi sille voiman. Suuremman ongelman muodosti se, miten Atlantislaiset saataisiin näiden ruumiillistumien sisälle ja lisäksi pysymään siellä. Tosiasiassa nämä kolme rotua juonittelivat yhdessä keinoja orjuuttaakseen Atlantislaiset näihin esi-ihmisten kuoriin. Atlantislaiset olisivat ne voiman tuottajat, jotka voisivat saada nämä biologiset olennot toimimaan.

Tämä on hyvin monimutkainen asia. SiivenTekijät kertoivat, että jo "Ihminen 1.0" -version "ihmisunivormun" sisälle oli ohjelmoitu ns. toiminnallisia implantteja (istutteita) eri ominaisuuksia varten. Tästä keksinnöstä suurin ansio menee Sirialaisille, mutta vasta Anjun (Anunnakin johtohahmo) jälkeläiset veivät ohjelmoinnin loppuun saakka. Anunnaki suunnitteli "Ihminen 1.0:n". Implantit suunnittelivat Sirialaiset ja implanttien ohjelmoinnin suunnitteli ja kehitti olento nimeltään Marduk.

Jos vertaa tuota versiota esimerkiksi Neanderthalin alkuihmiseen, "Ihminen 1.0" oli paljon alkukantaisempi. Mutta vastaus löytyy implanteista. Nuo biologiset yksiköt eivät kyenneet toimimaan fyysisessä maailmassa. Ne tarvitsivat eloonjäämisen taitoja, kuten miten syödä, miten metsästää, miten puhdistaa itseään, jopa miten liikuttaa kehoaan. Kaikki nämä perustoiminnot olivat tarpeen sisällyttää tai ohjelmoida ihmiskuoreen, mikä olikin noiden implanttien tarkoitus. Implantit olivat ikään kuin "Ihminen 1.0:n" aivot, mutta ei pelkästään sitä. Implantit sijoiteltiin eri paikkoihin kehossa, kuten rintakehään, keskiselkään, ranteisiin, nilkkoihin jne. Keskeisimmät osat sijoitettiin pääkallon sisälle, mutta yleensä ottaen implantit olivat verkostomaisesti toisissaan kiinni ja niitä käytettiin pään tai aivojen alueelta käsin. Kysymyksessä ei ole pelkästään aivot. "Ihminen 1.0" oli vielä puoliksi eteerinen ja puoliksi fyysinen. Implanttien toiminta vaati samanlaista koostumusta tai äänivärähtelyä kuin eteerisen kehon toiminta. Implantit asennettiin pääsääntöisesti luihin tai luurakenteisiin ja joissain tapauksissa lihaskudoksiin. Nämä toiminnalliset implantit sulautuivat lihaksiin ja luihin, mukaan lukien DNA. SiivenTekijät muotoilivat sen tähän tapaan: "Yhdistyminen DNA:han oli koko suunnitelman älykkyys. Lihaskudos mahdollisti, että elämänlähde voi antaa voimaa toiminnallisille implanteille. Aivot muodostivat keskitetyn koordinaatiokeskuksen, mutta implantit sijaitsivat eri puolilla kehoa." Tämä oli kokonaisvaltainen järjestelmä, joka oli asennettu "ihmisunivormuun", jotta sitä voitaisiin kontrolloida, seurata ja ohjelmoida ajan kuluessa. Se oli evoluution "keppi ja porkkana". Kun asia tehtiin tällä tavalla, esi-ihmisten oli mahdollista kaivaa kultaa, mikä oli alun perinkin Anunnakin johtoajatus. Implanttien toiminnallisuuksien tarkoitus oli osittain tehdä "Ihminen 1.0:n" voiman lähteestä Atlantislaisten elämänlähde, jonka avulla nämä toimisivat tehokkaasti kullankaivajina. Tämä oli Anunnakin tärkein tavoite. Toinen tavoite oli kuitenkin myös tukehduttaa voimanlähde tai tässä tapauksessa Atlastislaiset olennot ihmiskuoren sisälle. Anunnaki teki tämän siten, että se poisti voimanlähteeltä tiedon sen alkuperästä samoin kuin tiedon siitä, että se on ikuinen olento, joka elää ikuisessa, oikeassa todellisuudessa. Kun Atlantislaiset asetettiin ihmiskuoren sisään, ne keskittyivät sen jälkeen täysin vain fyysiseen elossapysymiseen ja toiminnallisiin suorituksiin. Niillä ei ollut mitään ihmissuhteita, ei avioliittoa, ei lisääntymiskykyä. Ne olivat pohjimmiltaan kloonattuja (kopioituja) olentoja. Ne olivat ulkonäöltään ja kyvyiltään täysin samanlaisia. Atlantislaiset olivat ikään kuin lennokkeja, joita ohjailivat toiminnalliset implantit ja Atlantislaiset samaistuivat niihin. Kehon sisällä oleva ikuinen olento uskoi olevansa keho ja sen toiminnallisuudet eikä yhtään enempää.

Atlantislaiset olivat ikuisia, mikä tarkoittaa, että ne eivät olleet aika-paikka -lainalaisuuksien alaisia. Ne elivät sen jälkeen, kun heidän kehonsa kuolivat. Anunnaki loi

144

kuitenkin joukon erilaisia tasoja tai kokemuksia erilaisista ulottuvuuksista, jotka olivat ikään kuin "levähdyspaikkoja". SiivenTekijöiden mukaan tämä tarkoitti, että Atlantislaiset voitaisiin ikään kuin kierrättää tällaisissa paikoissa sen jälkeen, kun he kuolevat.

Tästä muodostui jälleensyntymisen perusajatus. Sen avulla Annunnaki pystyi kierrättämään Atlastislaisia. Jotkut implanteilla aikaansaaduista toiminnallisuuksista toimivat ulottuvuudesta toiseen, joten niiden avulla voitiin toimittaa olennot ylemmän tietoisuuden "levähdyspaikalle" sopivaan kohtaan sekä toisaalta auttaa niitä syntymään jälleen uuteen ihmiskuoreen.

Versiossa 1.0 Atlantislaiset eivät pystyneet lisääntymään. Nämä olivat perusolentoja, mutta Annunnaki pystyi luomaan niitä suuressa mittakaavassa. Kun yksi ihmiskuori kuoli, esimerkiksi kaivosonnettomuudessa, sen tilalle tehtiin toinen. Nämä olivat klooneja. Versiossa 2.0 syntyi kyky itsenäiseen lisääntymiseen. Tämä tapahtui lähinnä sen takia, nykyinen lisääntymisprosessi vaati Anunnakeilta valtavia ponnisteluja. Ne halusivat luoda automaattisen järjestelmän, jotakin, joka ei vaatinut niiltä kaikkien mahdollisten muuttujien hallinnoimista. Joten Sirialaiset auttoivat niitä luomaan lisääntymiseen kykenevän implantin ja kyvyn automatisoida olentojen kierrätys "levähdyspaikoilta" takaisin fyysiseen muotoon lapsen syntymän kautta.

Edellä kuvattu ohjelmointityö voidaan suorittaa matematiikan avulla. Maailmankaikkeus muodostuu ulottuvuuksista, jotka saadaan aikaan matemaattisten yhtälöiden avulla. Maailmankaikkeus rakentuu matematiikan avulla. Jotkut olennot ymmärtävät, kuinka matematiikkaa voidaan soveltaa aika-paikka -todellisuuden organisoimiseksi ja suunnittelemiseksi. Tämä maailma on luotu sillä tavalla. Se ei ole todellinen. Se on ohjelmoitu todellisuus. "Suunnitteleminen" voi tarkoittaa myös aika-paikka -jatkumon kontrolloimista. Se siis tarkoittaa, että tämä on ohjelmoitu aika-paikka -todellisuus. Kun pystyy ohjelmoimaan aika-paikka -todellisuuden jonkin rodun, kuten ihmiskunnan sisälle, pystyy sen jälkeen ohjelmoimaan aivan yksilön tasolle asti jopa aivan yksittäisiä ominaisuuksia, vaikka, että milloin ne niistävät nenänsä, jos vain haluaa. Kaikki on matemaattisia yhtälöitä.

Marduk-niminen olento oli intensiivisesti mukana rotujen kehityksessä. Tämä oli hänen roolinsa. Kaikista Anunnakilaisista hän tunsi "Ihminen 1.0":n kaikkein parhaiten. Hän ymmärsi niitä ja jopa ihaili joitain heidän ominaisuuksiaan. Ehkä alitajuisesti, mutta hän alkoi muuttaa "Ihminen 1.0:n" ohjelmointia siten, että ne alkoivat käyttäytyä enemmän Anunnakilaisten tavoin, koska heillä alkoi olla enemmän Anunnakin luonteenpiirteitä. Anjua (Anunnakien johtaja) ja hänen poikiaan, Enkiä ja Enliliä, tämä alkoi askarruttaa. Marduk alkoi ohjelmoida ihmisversiolle tunteita ja tuntemuksia. Hän tuhlasi kehittämisen aikaa, mutta toisaalta kysymyksessä oli toiminnallisten implanttien kehityskaari, sen liityntäpinnan, joka oli sisäisen voimanlähteen, siis Atlantislaisten, ja fyysisen ihmiskehon välillä. Juuri liityntäpintaa kehitettiin, mikä teki mahdolliseksi sen, että ihmiskeho pystyi osoittamaan tunteita, kommunikoimaan, aistimaan enemmän kolmiulotteista maailmaa nimeltä maapallo jne. Toinen asia, mikä oli tapahtumassa, oli se, että maapallo muuttui koko ajan kiinteämmäksi, kolmiulotteiseksi paikaksi, joten samoin teki myös "Ihminen 1.0" ja sen toiminnalliset implantit. Maapallolla tapahtui ikään kuin tiivistymistä, mikä syvensi painovoiman vaikutusta maan päällä.

Ei ole vielä täysin selvää, miten kaikki täsmälleen ottaen tapahtui. Arkistot eivät ole kovin tarkkoja tästä aiheesta, mutta sävy tai sana, jota SiivenTekijät käyttivät Atlantislaisista, oli naiivi. Atlantislaisilla ei ollut mitään syytä ajatella, että olisi mahdollista joutua orjuutetuksi. Sellaista konseptia ei heidän kulttuurissaan ikinä olisi käytetty. Kukaan ei ikinä tekisi tai pystyisi tekemään sellaista. Ikuista olentoa ei pysty orjuuttamaan, ellei sitä lukitse ihmiskuoren sisään ja juuri tuo oli Anunnakin ja Sirialaisten kumppaneiden oveluutta. Ne tekivät tämän hyökkäyksen niin kummallisesta näkökulmasta, etteivät Atlantislaiset voineet sitä nähdä. Se oli kuin väijytys tai yllätyshyökkäys.

"Ihminen 1.0" ylsi sangen korkealle tasolle puheen kehityksen ja kommunikaation suhteen. Juuri tuo oli se suurin lisäominaisuus, jonka Marduk toi versioon 1.0. Kloonina olemisen psykologinen tila oli kuitenkin liian ankara tuolle versiolle. Ne kaikki näyttivät samanlaisilta ja niillä oli samat ajatukset, joten tiettyyn rajaan saakka kommunikaatio toimi hyvin, esimerkiksi jonkin toiminnan koordinoimisessa, mutta oikeasti yksilöllisten ajatusten aikaan saamisessa – ei – ja tämä johti erilaisiin psyykkisiin tiloihin, kuten masennukseen, siinä määrin, että ne

SiivenTekijöiden mukaan tulivat kirjaimellisesti hulluiksi. Tästä viasta tuli Anjulle valtava ongelma ja se päätti pyyhkiä ne kokonaan pois maapallolta. Tähän liittyy uskonnosta tunnettu tarina suuresta vedenpaisumuksesta. Mardukin onnistui pelastaa joitain 1.0 -version olentoja samoin kuin muitakin kasvi- ja eläinkunnan yksilöitä, mutta se oli kuitenkin tuon ihmisversion loppu. Sitten luotiin "Ihminen 2.0". Tässä vaiheessa ihminen pystyi lisääntymään itsenäisesti, ja tämän havaittuaan Anunnakit saattoivat naispuolisia ihmisiä raskaaksi ja siten toivat oman sukupuunsa ominaisuudet mukaan ihmisen perimään. Tästä alkoivat ihmisen muunnelmat. Ihmiset eivät enää olleet klooneja. Anunnakeilla oli kuitenkin huoli siitä, että ihmisistä tulisi liian voimakkaita ja liian tietoisia omasta itsestään. Mitä jos Atlantislainen voimanlähde tulisikin tietoiseksi siitä, että se on ikuinen olento? Silloin Anju päätti, että siitä tulisi Jumala. Ihmiset tarvitsivat valtiaan tai hallitsijan johtamaan heitä, joten oli selvää, että heistä tulisi alempiarvoisia ulkopuolelta tulevan hallitsijan suhteen. Tämä oli Anunnakien aivopesuohjelman ydin. Yhdessä Mardukin ja Sirialaisten kanssa ne loivat Eedenin ympäristön ja loivat Eevaan perustuvan maailmankatsomuksen. Eevasta tuli se yllyttäjä, joka symboloi ihmiskunnan lankeemusta. Tämä oli ikään kuin ensimmäinen näytös näytelmässä "Anju on Jumala". Tämän avulla lavastettiin tilanne, jossa "Ihminen 2.0:lla" oli selkeä tunne ulkoisesta auktoriteetista ja että ne olivat potkittu pihalle paratiisista, koska ne yrittivät itse oivaltaa, keitä ne olivat. Se oli aivan kuin vihainen luoja olisi sättinyt ihmiskuntaa puimalla nyrkkiä ja vaatinut

luomakuntaansa samaistumaan ihmiskuoreensa kuten ai-
kaisemminkin. Aivan kuin se sanoisi "älkää ajatelko edes
hetkeä, että voisitte olla kuten minä..."

SiivenTekijät kirjoittivat, että näin todellakin tapahtui, ku-
ten Raamatussa sanotaan. Joten Raamatun Jumala on
tämä Anunnakien hallitisija nimeltään Anju.

On hyvä muistaa, että alun perin Anunnakien tavoitteena
oli kullan hankkiminen, mutta kun Atlantislaiset hylkäsi-
vät Anjun, nämä alkoivat juonitella Sirialaisten kanssa.
Juuri ennen tuota vedenpaisumusta Anju sai selville, että
kultaa olikin jo riittävästi. Se ei tarvinnut enää lisää. Mieli-
kuva Atlantislaisten Jumalasta oli kuitenkin houkutteleva.
Sirialaisten ja Matelijoiden mielestä ikuisten olentojen or-
juuttaminen ja planeettojen ekosysteemien luominen oli
heidän keksintönsä. Heillä oli jotain täysin ainutlaatuista.
Ne olivat luojajumalia ja heidän mielestään kaikki muut
rodut voitiin saada niiden pauloihin samanlaisen (ih-
mis)kuoren avulla. Ne alkoivat tehdä juuri sitä. Maapal-
lolla oli näet sisällään eräs ainutlaatuinen ominaisuus.
Anunnakien näkökulmasta maapallon sisus oli äärimmäi-
sen mielenkiintoinen, kun he ensimmäisen kerran kävivät
maapallolla. Maapallon sisin loi painovoiman kentän,
joka teki mahdolliseksi sen, että planeetasta tuli täysin
fyysinen tavalla, joka mahdollisti fyysisen elämänmuo-
don olemassaolon. Tietenkin muitakin ehtoja piti täyttyä,
mutta juuri tuo maapallon sisin oli avaintekijä. Yhdessä
Sirialaisten ja Matelijoiden kanssa ne alkoivat tehdä sa-
manlaista orjuutusta muillakin planeetoilla. Ne monisti-
vat maapallon ytimen ja rakensivat menetelmän, jolla ne

saivat tehtyä tähän tarkoitukseen sopivan implantin myös muille planeetoille. Ne tosiallisesti muuttivat maan ominaisuuksia kloonaamalla ja asentamalla uudestaan maan ytimen.

Ihmiskuori kehittyi, mutta kehitys tapahtui esiohjelmoidun kulku-uran mukaisesti. Ajatus oli saada aikaan Anjun paluu maan päälle. Koko tämä Anjun toinen tuleminen oli tarkoitus tehdä lavastettuna esiintulona. Ihmiskunta kehittyisi sellaisella tavalla, että Anjun toinen tuleminen tietoisuuteemme ymmärrettäisiin hyvänä asiana. Ihmiskunnan pelastuksena. Me kaikki olisimme hänen lapsiaan ja Jumalan ylistys tulisi maan päälle. Tämä oli suunnitelma. Jo ennen Jeesuksen aikaa Marduk ohjelmoi tämän kokonaisuudessaan.

Mitäpä ihmiskunta on siis tällä hetkellä? Ihmisen liityntäpinnan toiminnalliset implantit on täydellisesti yhdistetty ihmiskuoreen. Ne toimivat saumattomasti. Niin saumattomasti, ettemme tiedä sitä, etteivät ne ole me. Tietyllä tavalla meillä ei ole mitään vaihtoehtoa. Me luulemme, että ajatuksemme ja tunteemme ovat yhtä kuin me, että tämä aika-paikka -jatkumo on se paikka, jossa ajatuksemme ja tunteemme sijaitsevat. Jopa ajatukset Jumalasta, taivaasta, sielusta, mestareista, kaikista noista asioista, ne ovat osa tuota ohjelmointia. Ne on yhdistetty sekä maanpäälliseen ulottuvuuteen että tuonpuoleisen elämän ulottuvuuteen. Tuonpuoleinen elämä on osa petosta. Avainasia, joka Anunnakien tarvitsi suunnitella saadakseen toiminnalliset implantit toimiviksi, oli aivot. Tämä koski "Ihminen 1.0" -versiota. "Ihminen 2.0" -versiossa avainasia oli

DNA. Kun tämä oli saavutettu, Sirialaiset pystyivät suunnittelemaan tietoisuuden kehyksen, ihmisen tietoisuuden. Ihmisen tietoisuus oli avain ikuisen olennon tukahduttamiseen. Ihmisen tietoisuus tai tietoisuuden kolminaisuus koostui kolmesta keskenään kommunikoivasta kerrostumasta. Ensimmäinen kerros on universaali mieli eli tiedostumaton mieli, joka muodostaa yhteyden yksilön ja koko ihmisrodun välillä. Tämä kerros tekee meille mahdolliseksi nähdä saman minkä kaikki muutkin näkevät, tuntea sen minkä kaikki muutkin tuntevat ja tietää kaiken sen minkä kaikki muutkin tietävät. Tämä on täydellinen tapa yhdistää erillisyydessä asuva ihmislaji. Itse asiassa juuri tällä tavalla tiedostumattoman mielen avulla tunnemme yhtenäisyyttä. Seuraava tietoisuuden taso on geneettinen mieli, kuten SiivenTekijät sitä kuvaavat tai alitajunta, kuten Sigmund Freud sitä kuvaa. Tämä muodostaa yhteyden yksilön sekä hänen sukupuunsa ja genetiikan välille. Tämän avulla ilmennetään sukupuuta. Sitten on vielä tietoinen mieli. Tämä on ainutlaatuinen, yksilöllinen hahmotus- ja ilmenemiskyky, jota useimmat meistä kutsuvat persoonallisuudeksi ja luonteeksi. Se luodaan tällä tasolla. Yksilön tietoiseen mieleen vaikuttaa voimakkaasti geneettinen mieli, erityisesti syntymän ja ikävuosien 7-8 välillä. Tuohon ikäkauteen mennessä vaikutuksesta on jo tullut kokonaisvaltainen. On hyvä muistaa, että Annunnakit loivat kehon biologisen muodon, Sirialaiset loivat toiminnalliset implantit ja Marduk toteutti näiden implanttien ohjelmoinnin, jotta ne kehittyisivät ohjelmoinnin rakentaman kehityspolun mukaisesti, mikä puolestaan johti Anju toiseen tulemiseen. Tämä konsepti ilmaistiin ihmiskunnan hierarkisena rakenteena, jonka sisällä puhuttiin Jumalasta ja Mestareista uskonnollisissa ja pienille piireille tarkoitetuissa kirjoituksissa. Tämän tarkoituksena oli olla osa suunnitelmaa, jossa luotiin useita erilaisia uskontoja ja salaisia kultteja, jotka tukivat ihmislajia hallinnoivaa valtavaa hierarkiaa ja järjestystä sekä piti yllä oppilassuhdetta Jumalaan ja lopulta luotiin monitasoinen kuoleman jälkeinen elämä, joka palkitsi niitä, jotka uskoivat ja olivat tottelevaisia Jumalaansa tai sen Mestareita kohtaan. Tämän koko pyrkimyksen takana olevaa asiaa voidaan kuvata yhdellä sanalla – erillisyys. Kaikki maan päällä oleva on erillisyydessä samoin kuin kuoleman jälkeiset "levähdyspaikat", mutta SiivenTekijöiden mukaan totuus on se, että meitä kaikkia innoittaa tasa-arvoisuus ja ykseys, ei tietoisen mielen kautta, joka pelkästään pitää meidät kiinni erillisyydessä, mutta ennemminkin elämänlähteen kautta, mikä on ikuinen ja itsenäinen ja kaiken yhdistävä. Sitä voidaan kuvata käsitteillä "Minä Olen" ja "Me Olemme". Kukaan ei ole toisen yläpuolella, kukaan ei ole alapuolella, kukaan ei ole parempi, kukaan ei ole vähempiarvoinen.

Luku 2.

Ihmiskuntaa orjuuttavat olennot ovat suunnitelleet maailman, johon me olemme mukautuneet maailmankausien aikana ja kehittyneet sen sisällä siinä määrin, että olemme eksyneet tuohon maailmaan. Meidän päällemme asetetut verhot ovat niin läpinäkymättömiä, että ihmiset toimivat ihmisunivormuina tietämättöminä siitä, että kaikki heidän ympärillään on harhaa. Kysymyksessä on ohjelmoitu todellisuus, mikä ei ole todellinen. SiivenTekijöiden mukaan kaikki on pelkästään ääntä, joka on holografisesti rakennettu näyttämään todelliselta.

Jokainen yksilö voi astua harhan ulkopuolelle. Ei ole olemassa mitään mestaria. Mikään Jumala ei tule alas tänne ja pelasta sinua. Ei maan ulkopuoliset olennot, ei kukaan. Vain jokainen meistä. Tätä juuri tarkoitetaan käsitteellä "Minä Olen". Se on kuin yksi. Yksi minä ja kaikki me yhdistettyinä. "Olen" tarkoittaa olemassaolon nyt. Tässä hetkessä. Ei historiassa tai muistoissa. Ei jossain tulevaisuudessa tai nykyisyyden tavoitetilassa.

Oliko Jeesus osa tätä petosta? Monet maan päälle tulleet opettajat ovat yrittäneet paljastaa, kuinka syvälle ja laajalle tämä harha oli rakennettu. Se ulottuu aina maailmankaikkeuden rajalle saakka ja niin lähelle kuin ihmisen DNA on. Kaikki tällä välillä on harhaa. Jeesus tuli paljastamaan tämän kaiken, mutta Raamatun kirjoittajat kuitenkin päättivät, mikä oli hyväksyttävää sen maailmankatsomuksen sisällä, jonka me tunnemme. He päättivät tehdä Jeesuksesta osan tästä petoksesta. Heidän mielestään oli aika määritellä Jumala uudelleen, jotta kehittyvä "Ihminen 2.0" saataisiin mahtumaan sen sisälle. Jumalasta tulikin yhtäkkiä rakastava isä ja koko ihmiskunta oli siskoja ja veljiä.

Jeesuksen ongelmana oli, että hänen sanansa erosivat niin paljon ehdollistetuista uskomuksista, etteivät ihmiset pystyneet niitä ymmärtämään, joten ajan kuluessa ne käännettiin siihen muotoon kuin me nykyään ne tunnemme. Raamatun käännöksistä yksinkertaisesti puuttui se alkuperäinen väkevyys, jolla hän asiat sanoi. Sitä paitsi oli kaksi menetelmää, jotka tekivät harhan paljastamisen hyvin vaikeasti tehtäväksi väitteeksi.

Ensinnäkin tietoisen mielen järjestelmä oli jokaisen ihmisen sisällä. Se oli ikään kuin tietokenttä, joka oli jokaisen saatavilla. Paljastavaa tietoa voidaan levittää pienelle ihmisjoukolle, mutta siitä puuttuu tarvittava vaikutusvalta voidakseen saada aikaan laajamuotoista heräämistä. Vallalla oli tietoisen mielen vastahakoisuutta. Toinen paljon haitallisempi syy oli toiminnalliset implantit, jotka oli ohjelmoitu kuten mitkä tahansa ohjelmat, tavalla, jota voitiin kehittää eteenpäin tai jopa sammuttaa.

SiivenTekijät viittasivat tietoisuuden kolminaisuuteen siten, että Jumala-tietoisuus on asennettu tiedostumattomaan mielen kerrostumaan, mutta ne sanovat myös, että yksilön kehittyessä noin 6-7 ikävuoden aikoihin, ne alkavat kerätä omaa yksilöllistä persoonallisuuttaan alitajuisen kerrostuman elementeistä ja kun ne ovat saavuttaneet 12-14 ikävuoden, niiden yksilöllinen persoonallisuus on jo vakiintunut, ja joillekin tämä ainutlaatuisuus merkitsee,

154

ettei Jumalaa ole olemassa. Anjun näkökulmasta tämä on hyvä asia. Hän luultavasti pitää siitä, että on olemassa ateisteja ja agnostikkoja, koska se merkitsee lisää erillisyyttä ja lisää monimuotoisuutta. Itse asiassa mitä enemmän ihmiskunnassa on monimuotoisuutta, sitä suurempi erillisyys vallitsee. Mitä suurempi erillisyys, sitä helpompi on pitää orjuuttamisen ohjelma koskemattomana. Valitse puolesi, ole eri mieltä vastustajiesi kanssa, koska se kiihdyttää sotaa ja yhteiskunnallista levottomuutta.

Totuus on kuitenkin sitä, että me kollektiivisesti olemme se, mikä on lähinnä Jumalaa. Me olemme. Tämä on selkeä viesti. Me olemme Ensimmäinen Alkulähde, olemassaolon keskipiste, joka loi äänen avulla koko olemassaolon kehyksen.

Onko valaistuneet ja henkiset mestarit myös keksitty? Ei, ne ovat olemassa. Mutta he ovat olemassa vain ihmisen liityntäpinnassa tai toiminnallisissa implanteissa. Siellä ne ovat olemassa. Tuohon todellisuuteen eivät kuulu "Minä Olen" tai "Me Olemme" -käsitteet. Nuo käsitteet eivät oikeasti ole olemassa holografisen kulissin sisällä, jonka ulottuvuuksien välillä liikkuvat olennot loivat miljoonia vuosia sitten, ennemminkin niitä käytetään voimanlähteinä, joka elostuttaa ihmisen liityntäpintaa tai ihmisunivormua. Me ajauduimme ajan mittaan yhä syvemmälle ja syvemmälle tähän luotuun maailmaan, johon kuului kuoleman jälkeinen elämä ja erilaiset olemassaolon tasot. Asiaa voidaan katsoa tällä tavalla: Anju asensi "Ihminen 2.0:n" sisälle ohjelman, jonka mukaisesti ihmiset kehittyivät täydellisestä tietämättömyydestä omaa maailmaansa

kohtaan sellaiseen tilaan, jossa ne tunsivat Jumalan. Ih-
miskunnalla oli suunnitelman mukaisesti tarkoitus olla
Jumala-tietoisuus, jossa heillä olisi sama ymmärrys ja tie-
toisuus kuin Anjulla, mutta sitten Anju muutti kehityksen
suuntaa siten, että Jumala-tietoisuus asetettiin niin pit-
källe tulevaisuuteen, että ihmiskunta tosi asiassa jahtasi
sitä ikuisesti. Ihmiset ajaisivat takaa vain varjoja ja näkisi-
vät Jumalana vain Anjun niin kauan kuin lopulta valais-
tuisivat. Sitten kun valaistumme huomaamaan "Minä
Olen" -olemuksen ja olevamme itsenäisiä ikuisuuteen
kuuluvia olentoja, olemme ikuisen tietoisuuden ilmenty-
miä. SiivenTekijöiden mukaan kukaan meistä ei ole saa-
vuttanut tätä tilaa vielä tähän mennessä. Se tapahtuu kui-
tenkin tulevaisuudessamme.

Kukaan täällä maan päällä ei ole saavuttanut tuota tietoi-
suutta, mutta SiivenTekijät ovat ihmisiä tulevaisuuden
ajassa. He ovat palanneet meidän aikaamme raottaakseen
tätä simpukankuorta edes hieman. He ovat matkustaneet
ajassa taaksepäin muistuttaakseen meitä siitä, mitä he
ovat löytäneet. He ovat jättäneet tämän orjuutuksen taak-
seen, ja niin mekin tulemme tekemään.

Aika-paikka -käsite on harhaa. Ihmisen on kuitenkin vai-
keaa kuvitella, että tämä maailmankaikkeus, jossa me
olemme, on oikeasti holografinen heijastuma, joka on oh-
jelmoitu tiedostumattomaan mieleemme ja me itse asiassa
olemme tämän hologrammin sisällä ihmisunivormussa,
joka on puettu päälle vain tämän hologrammin havaitse-
miseksi. SiivenTekijöiden mukaan oikea maailma koostuu
äänestä. Kaikki on ääntä. Miljoonia vuosia kestäneen

evoluution seurauksena syntyneen ihmisunivormumme kautta lähtevät ääniaaltojen värähtelyt tunnistavat maailmankaikkeuden, joka on tuon hologrammin sisällä ja rajoittuu vain tuon hologrammin sisälle.

Kuoleman jälkeiseen elämään liittyy useita näkökohtia. Kaikkein ensimmäiseksi on Jumala. On valaistumisen valo. On maailmankaikkeuden henki ja yksilöllinen sielu. On enkelien ja mestarien muodostama hierarkia. On karman, jälleensyntymisen, synnin ja pelastuksen käsitteet. On taivaan ja helvetin käsitteet. On olemassa valitut ihmiset. On olemassa taivaaseenastumisen polku. On olemassa aikakirjat tai akaasiset tiedostot. Kaikki edellä mainitut käsitteet suunniteltiin liitettäväksi päivitettyyn "Ihminen 2.0:n" liityntäpintaan. Lisäksi joidenkin ihmisten tiedostumattomaan mieleen ohjelmointiin kyky ymmärtää nämä käsitteet ja kertoa niistä muille. Tämän tuloksena syntyivät uskonnot. Filosofioita syntyi. Joskus uskontojen tukemana. Joskus uskontoja kiistämään. Pienille piireille tarkoitettuja kultteja syntyi. Kaiken tämän keskellä ihminen pysyi eksyksissä. Ihminen pysyi harhakuviensa keskellä. Kaikki oli nivottu uskon tyhjään lupaukseen. Yhteistä noille uskomuksille yksi asia. Jatkuva erillisyys.

Ohjelma levisi nopeasti. Kun Anunnakit olivat saaneet riittävästi kultaa, he pystyivät orjuuttamaan kokonaisen ihmisrodun. Anju yhdessä liittolaistensa Sirialaisten ja Matelijoiden kanssa päättivät, että olisi parasta tehdä "Ihminen 2.0" -versiosta arvoton luontokappale, joka etsisi ikuisesti valaistusta uskon avulla. Anju ja Marduk päättivät antaa ne asiat, joihin se voi uskoa. Kaikesta tuli ihmiselle oppiläksyjä. Maapallosta tuli koulu. Jos opit läksysi, sinun ei tarvitse enää syntyä uudelleen. Opi, opi, opi. Mutta mitä opit? Opit mitä kuoleman jälkeinen elämä on siten kuin Anju ja hänen suunnittelijansa olivat sen säätäneet. Opit kantamaan ihmisunivormuasi tottelevaisesti. Opit erottamaan, missä kohdin ihmiset ovat erilaisia. Opit yhdistämään jokaisen kuvan itsestäsi kolmiulotteiseen maailmaan samalla kun toivot, että kuoleman jälkeen olisi jotain parempaa. Selkeä todellisuus oli sitä, että kuoleman jälkeen sisälläsi oleva olento tapaa suojelusenkelin, joka vie sinut päämäärääsi, joka määräytyy sen mukaan, mitä olet tehnyt maan päällä. Useimmat olennot ohjataan kuitenkin tilanteeseen, jossa elettyä elämää käydään tarkasti läpi ja olento kohtaa jokaisen elämänsä yksityiskohdan ja tuon kokemuksen seurauksena autoritäärinen hahmo kirjoittaa reseptin seuraavan elämän vaihtoehtoja varten. Tosiasiallisesti ihminen kierrätetään takaisin samaan ohjelmaan uuden äidin ja perheen avulla ja etukäteen ohjelmoitu elämä on tehty valmiiksi häntä varten. Ohjelmoitu kuoleman jälkeinen elämä ja sitä toteuttava prosessi on kaikki osa kokonaisvaltaista suunnitelmaa pitää ihmiset orjuudessa. Vaikka me olemme moniulotteisia olentoja, me elämme kolmiulotteisen maailman sisällä korkeammilla tasoilla. Nämä korkeammat tasot ovat Anunnakien suunnittelemia. Ne eivät ole todellisia korkeampien ulottuvuuksien tasoja, koska silloin kuolisimme oikeasti, havaitsisimme, keitä me olemme, emmekä ikinä enää syntyisi uudelleen maan päälle tai jos syntyisimmekin, kertoisimme kaikille maan päällä, että tämä koko homma on harhaa.

Se, mikä alkoi korkeammassa ulottuvuudessa sijaitsevan todellisuuden näkökulmasta kolmiulotteisuuden kokeiluna, päätyi siihen, mitä tässä nyt on. Jokainen ihminen tulee kohtaamaan lopulta tämän todellisuuden. Sitä ei voi välttää. Me voimme tuskaille sen kanssa, onko tämä reilua tai miksi tämä tapahtuu, mutta huolimatta siitä, onko tässä mielestäsi järkeä vai ei, se ei muuta sitä tosiasiaa, että elämme maailmassa, joka on erikseen meille suunniteltu ja toimii erillisyyden sisällä.

SiivenTekijät kirjoittivat tasa-arvoisuuden värähtelyn soinnusta. Tässä on SiivenTekijöiden käyttämät tarkat sanat asiasta: "Kun kaikki elämän ilmentymät havaitaan aidosti Todellisen Alkulähteen sirpaloituneiksi ilmaisuiksi, myös ihminen voi havaita kaikkien elämänmuotojen perustana olevan tasa-arvoisuuden värähtelyn. Aluksi elämä tulee esiin Alkulähteen todellisuuden laajuudessa ja sen jälkeen jokaisessa yksilöllisen energian värähtelytaajuudessa, joka on peitetty minkä tahansa muodon sisälle. Se värähtelee omassa puhtaassa ja ajattomassa tilassaan täsmälleen samalla tavalla kuin kaikissa elämän ilmenemismuodoissa. Tämä on yhteinen alusta, jonka kaikki elollinen jakaa. Tämä on tasa-arvon värähtelyn sointu, joka voidaan havainnoida kaikissa elämän muodoissa ja joka yhdistää kaikki monimuotoisuuden ilmentymät olemassaolon perustaan, joka tunnetaan Todellisena Alkulähteenä." Edellä sanottu vaikuttaakin sangen abstraktilta, mutta voidakseen muuttua, voidakseen astua illuusion ulkopuolelle, on jokaisen meistä herättävä ja pysyttävä hereillä. Sanojen lukeminen ei saa aikaan muutosta. Tarvitaan luonteeltaan syvällisesti erilainen, uusi käyttäytymistapa, koska nykyinen käyttäytymisemme viestittää tietoisuutemme kerroksille, että olemme erillään siitä, mitä me olemme. Meidän tulee toimia "Minä Olen" ja "Me Olemme" -periaatteiden mukaisesti.

Kehitystarinassa "Ihminen 2.0" ja maapallo jatkoivat tiheytymistään. Meistä tuli yhä kolmiulotteisempia. Me olemme itse asiassa tiheämpiä kuin olemme ikinä olleet fyysisen muodon näkökulmasta. Joskus 30 vuotta sitten luulimme, että jotkut maan ulkopuoliset rodut jättivät ikään kuin tahallaan jälkeen avaruusaluksia, mutta myöhemmin olemme ymmärtäneet, etteivät maan ulkopuoliset olennot ole fyysisiä olentoja. Ne tarkkailivat maapalloa ja heidän avaruusaluksensa joutuivat maapallon painovoiman vaikutuspiiriin, jonka seurauksena avaruusalukset tulivat näkyviksi kolmiulotteisessa tilassa. Koska avaruusalusten rakenteet sisälsivät kemiallisia ominaisuuksia, niillä oli taipumus tihentyä tullessaan maapallon ilmakehään.

Maan ytimeen liittyvät magneettikentät ovat ainutlaatuisia. SiivenTekijöiden sanojen mukaan ne olivat eläviä. Voimme vain olettaa, että "elävä" tarkoittaa jotakin älyllisyyden ilmentymää. Asian ydin on kuitenkin se, että kaikki tihentyi. Ikään kuin puristui yhteen. Yhteen puristumisella oli tietysti syynsä. Mutta vanhat järjestelmät voivat kaatua samanaikaisesti, kun tiheys saavuttaa tietyn kriittisen massan ja juuri tuo tulee tapahtumaan.

Vanhojen järjestelmien kaatumisen seurauksena syntyy jotakin, jota SiivenTekijät kuvaavat termillä SIN (Sovereign Internal Network) [Suomeksi IYV= itsenäisten ja yhteenkuuluvien olentojen verkosto]. IYV on uuden aikakauden nimi. Heidän mukaansa se voi tapahtua yhdessä hetkessä, kunhan oikeat olosuhteet ovat olemassa. Se, miten IYV kehittyy sen jälkeen, kun "Ihminen 3.0" on saatu aikaan, on vielä epäselvää. Koska ihmiset ovat ansassa "Ihminen 2.0:n" sisällä ja heidän liittymäpintansa holografiseen maailmankaikkeuteen on syypää vankeuteen, silloin täytyy saada aikaan uusi malli. "Ihminen 3.0" on tuo uusi malli. Se on kaava, jolla saadaan aikaan kyky itsensä oivaltamiseen. Se tarkoittaa astumista meille rakennetun maailmankaikkeuden tai todellisuuden ulkopuolelle ja elämistä "Minä Olen" ja "Me Olemme" -käsitteiden mukaisena ilmentymänä. "Ihminen 3.0" on tuo aikaisemmin mainittu itsenäinen ja yhteenkuuluva olento (IYV). Minä kutsun sitä nimellä "Ihminen 3.0 IY". Suuren Portaalin on tarkoitus olla tapa synkronisoida ihmiskunta uuteen alkuhetkeen, mistä syntyneenä se elää tasa-arvoisena ykseyden ilmentymänä, itsenäisenä ja yhteenkuuluvana "Minä Olen" ja "Me Olemme"-todellisuudessa. Se on ihmiskunnan tapa siirtyä pois erillisyydestä, mikä on ollut sen aikaisempi alkuhetki. Se alkuhetki, joka loi "Ihminen 1.0:n" ja "Ihminen 2.0:n". "Ihminen 3.0 IY:llä" on uusi alkuhetki. Suuren Portaalin on tehtävä synkronisointi mahdolliseksi, koska miten voi saada aikaan tasa-arvoisuuden ja ykseyden verkoston, jos siinä olevat olennot eivät toimi keskenään samassa tahdissa.

Sielu on ajatus tai ajatusmalli, josta on tullut osa ihmisen todellisuuden ohjelmointia. Sielu on se osa, jossa säilötään muistot kaikista elämistäsi "Ihminen 1.0"- ja "Ihminen 2.0" -muodoissa. Useimmille meistä nuo muistot ovat liian laajoja voidaksemme säilöä niitä tietoisuutemme kehyksen sisällä, joten sielu säilyttää noita tietoja jokaisen yksilön osalta. Sielu on ikuisuuden ilmentymisen ajatusmalli, joka on nyt rajallisen todellisuuden sisäpuolella, mutta ikuisuus ei voi olla rajallisen todellisuuden sisällä, jos tämä todellisuus on ohjelmoitu todellisuus. Sielu ei ole se elämän voima, joka antaa voiman ihmisen tietoisuudelle. Voiman tuo itsenäisyys ja yhteenkuuluvaisuus (IY). Juuri se on jäljellä meissä jokaisessa, kun meistä on riisuttu kaikki harhat, kaikki petos, kaikki rajoitukset, kaikki unohduksen verhot ja toiminnalliset implantit sielu mukaanluettuna. Kysymyksessä on ihmisen identiteetin määrittäminen uudelleen "Minä Olen" ja "Me Olemme" - ilmentymänä. Ihmisen näkökulmasta katsottuna, Siiven-Tekijät eivät näe ihmisiä vähäpätöisempinä olentoina, vaan olentoina, joilla on sellainen alkuhetki, jonka seurauksena heistä tulee orjuutettuja. Kysymys ei ole siitä, että ihmiset tuomitaan arvottomiksi, huonoiksi tai syntisiksi tai heikoiksi tai puolustuskyvyttömiksi. Ei mistään näistä asioista. Ihmiskunta tarvitsee uuden alun, kohdan, jonka avulla se voi synkronoitua yhteen oivaltavaan käsitykseen ja se on "Minä Olen" ja "Me Olemme" -ilmentymät. Elää noita sanoja käyttäytymisen kautta.

SiivenTekijät puhuivat muuntautumis/määräysvalta - mallista. He kuvasivat sitä näin. "On tullut aika yhdistää vallitseva hierarkkisen kehityksen/pelastajan malli ja

162

toisaalta vallitseva Alkulähteen älyllisyyden muuntautumis/määräysvallan malli toisiinsa. Tämä yhdistyminen voidaan saavuttaa vain yksikön (yksilön) tasolla. Se ei voi tapahtua ihmisvälineen yhteydessä tai hierarkian jonkin osan yhteydessä. Vain sellainen yksikkö (yksilö), joka on itsenäinen, moniulotteinen, Alkulähteen älyllisyyden täyttämä kokonaisuus pystyy johtamaan ja täydellisesti kokemaan näiden kahden olemassaolon muodon yhdistymisen."

Jokainen yksilö on vastuussa tästä. Jumala tai Alkulähde ei tule alas taivaasta ja korjaile ihmisten virheellisyyksiä tai esteitä. Ihmisten on otettava itse vastuu tästä. Arvostus tai kiitollisuus, myötätunto, nöyryys, anteeksi antaminen, ymmärtäminen ja urheus tai rohkeus kuvaavat uuden alkuhetken synnyttämiä yksilöitä. Se tarkoittaa "tämän hetken" yhdistämistä nyt-hetkeen ja näiden sanojen soveltamista käyttäytymiseemme. Niiden harjoittaminen on välttämätöntä. Tiedostumaton mieli on ovi kaikkiin olentoihin. Nämä käyttäytymistavat tavoittavat kaikki olennot. Käyttäytymistavat tukevat itsenäisen, ja yhteenkuuluvuuden verkoston (IYV) rakentamista ("Ihminen 3.0"), mikä korvaa "Ihminen 2.0:n" erillisyyteen vievät tietoisuuden. Tämän voidaan sanoa olevan 'sisällyttävän käyttäytymisen soveltamista, mikä tarkoittaa sitä, että tuon nämä käyttäytymismallit sisälle nyt-hetkeeni. Niistä muodostuu käyttäytymisvaihtojeni väripaletti. Tämän yhtälön toinen puoli on ns. vastustava käyttäytymismalli, jonka mukaiset käyttäytymistavat tukevat erillisyyttä ja petosta. Nämä tarkoittavat aktiivista vastustamista. Sano siis "ei" tällaiselle omalle tai muiden käytökselle ilman tuomitsemista.

163

Toimitpa sisällyttävän tai vastustavan käyttäytymismallin mukaisesti, joka tapauksessa vaikutat kokonaisuuteen. Joko tuet ykseyttä ja tasa-arvoa, "Minä Olen" ja "Me Olemme"-todellisuutta tai tuet petoksesta lähtevää toimintaa, jota myös kutsutaan tässä todellisuudessa "nykytilan säilyttämiseksi". Käyttäytymisen tai ilmaisemisen lähtöpiste on nyt-hetki. Tämä on luomisen hermokeskus. Joka ikinen nyt-hetki tarjoaa mahdollisuuden tukea ykseyttä ja tasa-arvoa tässä maailmassa ja auttaa synnyttämään "Ihminen 3.0" itsenäisessä ja yhteenkuuluvuuden verkostossa.

Suuri Portaali tekee itsenäisen ja yhteenkuuluvuuden verkoston mahdolliseksi. SiivenTekijät arvelevat, että vuoden 2080 paikkeilla olosuhteet olisivat ihanteelliset "Ihminen 3.0" esiin tulemiselle, mutta he myös varoittavat, että se voi tapahtua ennemminkin tai sitten myöhemmin.

Tämän kehitystarinan kuluessa maapallon ulkopuoliset ylemmät tietoisuudet ovat suorittaneet useita ns. väliintuloja. Sillä aikaa, kun Anju ja sen Sirialaiset joukot keskittyivät "Ihminen 1.0" – ja "Ihminen 2.0" -versioihin, he eivät juurikaan kiinnittäneet huomiota maapallon ja ihmiskuoren väliseen vuorovaikutukseen. Maapallo on erikoisuus sinänsä. Maan vetovoiman energiakentät vaikuttavat kaikkiin ei-fyysisiin olentoihin, jos ne tulevat liian lähelle. Ne voivat materialisoitua tälle planeetalle. Anju ei halunnut materialisoitua tähän ulottuvuuteen ja se pystyi olemaan maan päällä vain lyhyitä aikoja, ehkä päivän tai pari. Tässä meidän ajassamme juuri nyt Anunnakit eivät voi tulla tälle planeetalle. Ne on lukittu ulkopuolelle.

Maapallo on liian tiheä, se on yksi syy. Anjun kykyä suoraan vuorovaikutukseen luomuksensa kanssa on rajoitettu. Toinen väliintulon piste on se, että ei-fyysiset olennot ovat heränneet havaitsemaan tämän orjuutuskysymyksen. Ne näkevät, miten se vaikuttaa jokaiseen. Tilanteen on osittain annettu olla, koska Anunnakit ja niiden liittolaiset olivat voimakkaita ja uhkasivat monia muitakin rotuja ja olentoja. Tämä ikuisten olentojen orjuuttaminen konseptina tai alkupisteenä alkoi tulehduttaa kaikkea olemassaoloa. Se oli pelkoon ja erillisyyteen perustuva ajatus, jonka korkeammat olennot alkoivat lopulta nähdä olemassaoloa rappeuttavana voimana. Sitä olemassaolon alkuperäistä tilaa, joka pitää sisällään sekä aika-paikka - jatkumon että ei-aikaan ja -paikkaan sidotun todellisuuden ilmentymät, siis ykseyden ja tasa-arvon. Orjuutus oli tietenkin mahdollista vain erillisyyteen perustuvan ajatusmallin sisällä. Kolmannen väliintulon muodostavat SiivenTekijät. Ne olivat Atlastislaisina tunnettu ihmiskunnan osa, mutta ne olivat olemassa jo ennen Atlantiksen aikaa puhtaassa geneettisessä muodossa. Anunnakit ja Sirialaiset käyttivät niiden geneettistä perimää "Ihminen 1.0" ja "Ihminen 2.0" -versioita varten. Vaikka "Ihminen 2.0" ei ollut täysin puhdas niiden geneettinen perimä, koska siinä käytettiin myös Anunnakien ja Sirialaisten geenejä, asian ydin on se, että SiivenTekijät ovat "Ihminen 3.0:n" tulevaisuuden ilmentymiä ja ovat tulleet meidän aika-paikka -todellisuuteemme ja ovat alkaneet rikkoa tätä vankilaa muistuttavaa todellisuutta. Neljäs väliintulo on se, että jokainen meistä tekee työtä itsenäisen ja yhteenkuuluvuuden prosessin puolesta.

Anunnakit ja Illuminati (maan salainen eliitti) joukkoineen muodostavat ns. vallan kolminaisuuden. Ohjelmoinnin tavoitteena on luoda heidän oma "Ihminen 3.0" -versionsa. Sen oletetaan perustuvan teknologioiden yhdistämiseen biologisten parannusten muodossa, jotka tekevät ihmiskuoresta vieläkin vastaanottavaisemman toiminnallisten implanttien suhteen. Tavoitteena on tehdä ikuinen ihminen maan päälle. Ikuinen tarkoittaa tässä kuolemattomuutta. Tavoitteena on ihmisen ja teknologian yhteensulautuminen eli transhumanismi. Joten vallan kolminaisuudelle "Ihminen 3.0" merkitsi jotain hyvin erilaista kuin SiivenTekijöiden kaavailema "Ihminen 3.0 IY". Transhumanismi tarkoittaa erillisyyttä. Se sanoo meidän olevan hauraita, heikkoja, rajallisia, raakalaisia, sairaita, epätäydellisiä. Kaikki nämä biologisten ja kognitiivisten lisäysten tuottaminen olivat osa ACIOn asialistaa (ACIO = Alien Contact Intelligence Organisation, suomeksi Ulkopuolisten olentojen Seurantaorganisaatio).

ACIO oli mukana rakentamassa joitain transhumanistisen version ominaisuuksia, mutta ei 3.0 IY -version. Koko ajatus ihmisyyden ylittämisestä liittyy erillisyyden alkupisteeseen. Transhumanismin piti olla jumaluuden kaikkein korkein toteutustapa. Sen mukaan ihmiskuorta pitäisi laajentaa siten, että toiminnalliset implantit voivat elää ikuisesti. SiivenTekijöiden mukaan siitä puuttui useita asioita. Ensinnäkin tiedostumattomaan mieleen ei voi tulla jatkuvia tietovirtoja sen etsiessä sitä, keitä me olemme, koska teknologiset laajennukset hämärtävät sen, mistä elämän lähde on peräisin. Ykseyden oivaltaminen ei ole teknologisen oivalluksen ansiota eikä yksilön tasolla ykseyden

166

ilmentämistä voida nopeuttaa tai saada aikaan teknologian avulla. Se on itsensä löytämisen ja käyttäytymisen prosessi, ei enempää eikä vähempää.

Transhumanismin kannattajat tarkastelivat sitä kahdesta näkökulmasta. Ensinnäkin, mikäli teknologia olisi käytettävissä ihmisen syntymävaiheessa, se vähentäisi terveydenhuollon ja koulutuksen kustannuksia, tasapainottaen samalla teknologian levityskustannuksia, mutta sen pitäisi olla valtionhallinnon käyttöönottama palvelu. Mikään yksityinen yritys ei saisi aikaan riittävää luottamusta asiaa kohtaan. Sen takia tuli kriittiseksi se, että Yhdistyneistä Kansakunnista tehtäisiin uskottava maailmanlaajuinen organisaatio, joka voisi tuoda transhumanismin koko maailman nähtäväksi. Toinen näkökulma oli se, että sallittaisiin yhteiskunnallisten luokkaerojen ja vapaiden markkinoiden lopulta tehdä tästä teknologiasta houkutteleva kaikille ja sen jälkeen valtioiden tukiaisten avulla madaltaa kustannuksia riittävästi, jotta levittämisen olisi mahdollista. Tämä kaikki vaikuttaa varsin epäitsekkäältä, mutta teknologioiden laatu vaihtelisi. Eliitin yhteiskuntaluokat pystyisivät varmistamaan itselleen korkeampilaatuisia implantteja, joihin voisi liittää paremmin vastaanottavia geneettisiä piirteitä. Tuloksena olisi yksinkertaisesti sellainen ihmiskunnan sivilisaatio, jossa yritettäisiin puhdistaa yhteiskunnasta kaikki tyytymättömyys ja tottelemattomuus ja niiden tilalle tarjottaisiin mahdollisuus olla osa elitististen transhumanistien hallitsemaa valtiollista järjestelmää.

Luku 3.

Teknologia toimii siten, että se muuttaa ulkopuolisen ei-persoonallisen ominaisuuden (erillinen ohjelma) ulkopuoliseksi persoonalliseksi ominaisuudeksi (implantti), seuraavaksi nämä implantit yhdistetään ihmiskuoreen ja viimeiseksi ihmiskuori yhdistetään ihmisen elämän lähteeseen. Transhumanismi on tuo viimeinen vaihe ja eliitti on siirtymässä sitä kohti. Tämä viimeinen vaihe on täsmälleen sama ajatusmalli, jota nykyinen ihmisen tila ilmentää, nimittäin ihmiseen on liitetty ohjelmallinen liityntäpinta, joka on yhteydessä ihmiskehoon ja joka saa voimansa siitä ikuisesta elämän lähteestä, mikä ihminen todellisuudessa on. Ihmiset yrittävät tahtomattaan olla itselleen Anju. Tämä on SiivenTekijöiden mukaan osa ohjelmointia. Ihmiskunta yrittää olla itselleen Jumala. Se yrittää rakentaa paremman ihmisen ja paremman sivilisaation. Se tekee sen siksi, ettei se pysty kuvittelemaan, miten ihmiskunta voi pelastaa itsensä vain muuttamalla käyttäytymistään ja sen ymmärtämisellä, mitä käyttäytymisen muutos voisi saada aikaan. Edellä mainitun asian ihmiset tekevät, koska heidät on ohjelmoitu olemaan yhtä teknologian kanssa. Juuri tätä osaa SiivenTekijät pyrkivät ehkäisemään. Heidän kirjoitustensa mukaan ihmiset selviytyvät, jos he astuvat tietoisuutensa kehyksen ulkopuolelle ja oivaltavat, miten vääriin asioihin heidän elämänsä perustuu. Oivaltavat, että elämä perustuu keinotekoisiin todellisuuksiin ja ohjelmoituun olemassaoloon. Sisäinen yhdistyminen teknologiaan tulee vain tekemään tuon oivaltamisen paljon vaikeammaksi.

Tätä kokeillaan ensimmäiseksi armeijoissa. On olemassa kokonainen psykologisen teknologian tieteenala, joka on muokannut maaperää sille, että varsinaiset psyykkiset teknologiat voidaan levittää armeijan joukkoihin. Teknologia otetaan siellä käyttöön ensiksi, jotta voidaan sen jälkeen puolustaa sen käyttöä kokeilutarkoituksiin. Kun se on testattu, se yhdistetään yritysmaailman eliitin henkilökohtaisiin teknologiaohjelmistoihin.

Anunnakien johtaja Anju oli samanlainen kuin me tai Atlantislaiset. Hän ei ollut yhtään älykkäämpi tai Jumalan kaltainen. Hän oli petollinen. Se oli ainoa eroavaisuus.

Kun "Ihminen 1.0" hävitettiin maapallolta, SiivenTekijöiden mukaan vedenpaisumus oli osa tuota tuhoa, mutta mukana oli myös ydinaseita, joita räjäytettiin maapallolla. Suurin osa näistä selitettiin olevan meteoriittien vaikutusta. Mutta SiivenTekijät tekivät selväksi, että tulvasta selviytyneiden väestön hävittämiseksi käytettiin edistynyttä aseistusta. "Ihminen 2.0:sta" seuraava versio haarautuu kuten tiellä vastaantuleva tienristeys. Yksi "Ihminen 3.0"-versio menee tietä, joka johtaa yhdistymiseen teknologian kanssa eli transhumanismiin. Toinen 3.0:n versio, siis IY, sisältää orgaanisemman prosessin, joka perustuu käyttäytymisen muutokseen kohti "Ihminen 3.0:a" tai itsenäistä yhteenkuuluvaa olentoa ja sen jälkeen siitä tulee osa itsenäisten ja yhteenkuuluvien olentojen verkostoa. Vallan kolminaisuus haluaa, että "Ihminen 3.0" kulkee teknologiaan yhdistymisen tietä, koska tällä tavalla ihmiset olisi ohjelmoitu olemaan samanlaisia kuin heidän Jumalansa, Anju.

Maapallolla on ihmisiä, jotka ovat uuden tiedostumattoman mielen suunnittelijoita. Uusi tiedostumaton mieli yhdistää väestöjä joka puolella maapalloa siten, että ne tuntevat ja ilmaisevat tasa-arvoa ja ykseyttä. Se tulee liittämään ihmiskunnan yhdistyneeseen tietoisuuteen erillisyyden tietoisuuden sijasta. Se ei tule perustumaan hierarkkiseen järjestelmään. Petos tulee ilmi. Eräs asia, jota ei koskaan paljastettu aikaisemman neljän haastatteluni materiaaleissa, oli se, että osa informaatiosta pidetty omana tietonaan. Osa tiedoista oli jopa verhoiltu toisenlaiseksi, ettei se herättäisi vallan kolminaisuuden vihaa. Tätä informaatiota, tätä viidettä haastattelua ei paljasteta saman aikajanan aikana kuin aikaisemmat neljä.

"Ihminen 3.0:n" uuden tiedostumattoman mielen kerrostuman suunnittelijat ovat maapallolla tällä hetkellä. On tarpeellista valmistella sitä, että ihmiskunta, joka tulee olemaan tuossa tienristeyksessä seuraavan 40-50 päästä, valitsisi yhdistyneeseen tietoisuuteen vievän tien.

SiivenTekijät paljastavat tietoja vain osittain nyt vuonna 1998. Tuo informaatio ei tunnu liian vallankumoukselselta tai liian radikaalilta. Sen on heidän omien sanojensa mukaan tarkoitus ylittää ihmiskuoren liityntäpinta ja aktivoida ihmisen halukkuus kuunnella SiivenTekijöiden ääntä. He käyttivät esimerkiksi itsestään nimitystä SiivenTekijät, koska he tiesivät, että se yhdistettäisiin enkelikäsitteeseen.

Ihmiskuoren liittymäpintaan liittyy ohjelmointia, jonka avulla toiminnalliset implantit on verkotettu toisiinsa järjestelmäksi, joka ei kuuntele tiettyä informaatiota.

170

Ihminen kuulee asian, mutta ei toimi sen perusteella. Ihminen kuulee asian, muttei vastusta sitä. Ihminen kuulee asian, mutta ei kerro siitä muille. Näitä ohjelmia ei alun perin ollut olemassa, mutta ne voidaan sinne päivittää. Ohjelmistoa voidaan päivittää ja saada sinne uusia ohjeita. Tämä tekee tähän tietoisuuteen murtautumisesta ja sen todellisen luonteen paljastamisesta hyvin vaikeaa. Siksi se vaatii tietyn asteista salamyhkäisyyttä. Tässä todellisuudessa oleva petos on niin paksu ja läpinäkymätön, että niiden, jotka aikovat tulla tähän vankilaan ja saada jonkin halkeaman syntymään tuohon muuriin, on käytettävä hyväkseen myös jonkinlaista petosta. Mikäli tieto ohjelmoinnista ja vapaasta olemisen tilasta tuotaisiin julki ja se olisi ristiriidassa kaiken sen kanssa, mitä ihmisten on käsketty uskoa, mikäli se olisi kirjaimellisesti kaiken loogisen ja hyväksyttävän vastakohta, kuka kuuntelisi?

Oli miten oli, on tärkeää tietää, mitä tämän petoksen takana on ja katsoa asiallisesti totuutta silmiin. Se ei varmaankaan ole kovin kaunis kuva, mutta miten muuten voisit löytää oman totuutesi, ellet katso totuutta sen isossa kuvassa. Olipa homma millä tahansa tavalla mokattu, näyttää siltä, että juuri yksilön alkuhetken avulla se voi määritellä itsensä uudelleen. Vai jäisimmekö mieluummin harhakuvaan ihmiskehossa sijaitsevasta sielusta, jonka Jumala pelastaa, ja sitten se nousee taivaaseen ja hengailee enkelien kanssa, jotka rämpyttelevät harppuja? Tuo koko ajatus on kuvottava, nyt kun tiedämme tämän. Koko kuva perustuu erillisyyteen ja itsekkyyteen, myötätunnon ja ymmärtämisen puutteeseen tai voidaan vain sanoa, että se on suuri harhakuva, johon sisältyy se käsitys, että me olemme kuolevaisia olentoja ja kun kuolemme, se on sitten siinä. Se, mikä tässä on lupaavaa, on se, että huolimatta siitä, että olemme nyt nujerrettuja ja orjuutettuja, olemme kuitenkin ikuisesti olemassa. Me voimme myös tukea tätä ihmisolentojen uudelleen määritystä ajatusten ja käyttäytymisen kautta ja ehkä kaikkein tärkeintä on se, että tulevaisuuden itsemme, SiivenTekijät, tuovat meille todistusaineistoa yhdistyneen tietoisuuden olemassaolosta.

Kaikki maailmankaikkeudessamme ovat osa tätä petosa, tiesivätpä he sitä tai eivät. On olemassa 4 erilaista luokkaa: 1) Ne, jotka tietävät petoksesta ja tukevat sitä aktiivisesti, 2) ne, jotka tietävät petoksesta, mutta ovat haluttomia tekemään sen suhteen mitään, 3) ne, jotka eivät tiedä petoksesta ja tukevat sitä tahtomattaan ja 4) ne, jotka ovat tietoisia petoksesta ja yrittävät aktiivisesti astua petoksen ulkopuolelle ja rakentavat prosessia, jota kaikki muutkin voivat käyttää. Sillä ei ole merkitystä, onko olento fyysinen vai ei-fyysinen. Kaikki kuuluvat johonkin noista luokista kaikkialla tässä maailmankaikkeuden olemassaolossa. Ne olennot, joka kuuluvat nyt luokkaan 2), ovat heräämässä. Osa heistä ymmärtää, että yhdessä osassa maailmankaikkeutta oleva petos tartuttaa kaikkia muitakin. Petoksen estäminen vaatii korjaavia toimenpiteitä, se vaatii kollektiivista ymmärrystä, jotta varmistetaan, ettei tämä enää ikinä toistu.

Koko maailmankaikkeutemme on luotu (ohjelmoitu), mutta se ei tarkoita, että se olisi oikea maailmankaikkeus.

172

Se on se, mitä kutsumme maailmankaikkeudeksi. Kaikki, mitä pystymme havainnoimaan, on osa tietoisuutemme kehyksen ja ihmiskehon liityntäpintaan istutettua hologrammia. Mielemme ja tietoisuutemme koostuu kaiken havaitsemamme avaruudellisesta ja ajallisista yhteyksistä. Se on osa ohjelmointia, joka sisältää myös maailmankaikkeuden. Mikseivät parhaatkaan aivot maan päällä eivät pysty määrittelemään, mitä tietoisuus on, puhumattakaan alitajunnasta ja tiedostumattomasta mielestä? Koska ne on ohjelmoitu sillä tavalla. Anju ei halunnut, että alkaisimme käsittämään tätä tilannetta. Katsomme hermostollista informaatiota ja teemme johtopäätöksen, että se voidaan viipaloida tuhannella eri tavalla, mutta siltikään emme pysty selittämään, miten asia koetaan. Aivan kuten Aristoteles sanoi noin 2300 vuotta sitten: "olla tietoinen kyvystään havainnoida on olla tietoinen olemassaolostaan." Tämä on hyvä kuvaus yhdistyneestä tietoisuudesta, joten me olemme eristäytynyt elämänmuoto, joka kohtaa erillisen ulkopuolisen todellisuuden. Tilanne on tosiasiassa täysin päinvastoin, me olemme yhteydessä kaikkeen ja juuri siksi yhdistynyt tietoisuus on identiteettimme kriittinen alkupiste. Kukaan, joka ei usko tähän, ei ole tietoinen todellisuudesta. Ei ole merkitystä, missä he ovat olemassa, tai minkälaista kehoa he kantavat, eikä sillä ole merkitystä, haluavatko he pelastaa ihmiskunnan. Heidän täytyy ensiksi syntyä tuosta alkupisteestä. Niin valtavalta kuin maailmankaikkeus näyttääkin, se on vain ohjelmoidun olemassaolon sisällä oleva hologrammi, jonka sisällä kaikki ihmiset ovat samaa mieltä siitä, että tämä on todellisuus. Tuo yhteisymmärrys tiedottaa asiasta tiedostumattomalle mielelle, joka on Anjun luomaa ihmisen liityntäpintaa, ja me kaikki näemme kollektiivisesti maailman suurin piirtein samalla tavalla. Meille kerrotaan, että on olemassa triljoonia elämää sisältäviä planeettoja, että maailmankaikkeuden eri ulottuvuuksissa on runsaasti eli elämän muotoja, mutta täällä me tiedämme vain maapallon, kouriintuntuvan ja näkyvän maapallon. Onko olemassa muita olentoja? Totta kai on. Tulevatko ne pelastamaan ihmiskunnan? Ne eivät pysty. Ne voivat vain tukea. Kysymys ei ole siitä, että joku tai jokin pelastaa meidät. Kysymys on uudelleen määrittämisen prosessista, joka voi tapahtua vain jokaisen yksilön sisällä. Kysymys ei ole siitä, että valo laskeutuisi meitä kohti tai astuisimme taivaaseen johonkin korkeampaan, suojattuun ulottuvuuteen. Tämä tapahtuu ihmisen fyysisessä kehossa, ihmisten tekemänä toisille ihmisille.

Tiedämme, että tuhannet ihmiset, jopa kuuluisat ihmiset, ovat väittäneet käyneensä taivaassa, mutta SiivenTekijöiden kirjoitusten mukaan tuo ei ole totta. He on kuljeskelleet moniulotteisessa astraalimaailmassa, mutta se maailma on Anjun luomus. Ohjelmoinnin näkökulmasta katsottuna, meidän todellinen olemassaolomme ulottuvuus ei ole Anjun luomus tai hänen matemaattiset kaavansa. Ihmisen kautta syntyvä portaali (ovi tai aukko) on kommunikointiväline meidän ja tässä petoksen hologrammissa olevien alkuperäisten ikuisten olentojen rodun välillä.

Ihmisportaali kiinnittää maapallon uuteen alkuhetken Suurta Portaalia varten, ja tämä tapahtuu noin kymmenen

174

vuoden päästä. Suuri Portaali tapahtuu noin 70 vuotta myöhemmin. Nämä ovat karkeita aika-arvioita ja haluan aina korostaa, että nämä voivat siirtyä ja muuttua.

Maailmankaikkeus on hologrammi tai harhakuva, joka on syntynyt päämme sisällä, mutta tiede ei pysty selittämään sitä. Sen on mahdoton selittää kvanttikäyttäytymisen näkökulmaan liittyvää maailmankaikkeuden käänteislogiikkaa. Jotkut tiedemiehet ovat antaneet periksi ja kuvailleet sitä piilotetuiksi muuttujiksi, mutta rehellisesti sanottuna, SiivenTekijöiden selityksen mukaan me luomme Anjun kehittämän ihmisen liityntäpinnan kautta maailmankaikkeuden tulkitsemalla uudelleen viiden aistimme avulla vastaanotettuja äänivärähtelyjä.

Miten aikuinen voi nähdä kuun ja kaksivuotias vauva voi nähdä sen täsmälleen samalla tavalla? Tämän tiedostumaton mieli tuottaa "Ihminen 2.0:n" liityntäpinnalle. Se kerää yhteen kuun äänivärähtelyjen tulkinnat, jotka perustuvat miljardeihin ja taas miljardeihin näköhavaintoihin aikojen kuluessa. Nämä kehittyvät ja muuttuvat ympäristöolosuhteiden mukaisesti, mutta käsitys kuusta hopeisena ja suurin piirtein samankokoisena on tallennettu ja käytettävissä DNA: ssamme ja tiedostumattomassa mielessämme ja sitä vahvistavat kulttuurit, perinteet ja koulutus. Kyseessä on universaali, kollektiivinen energiakentän vaikutus, mikä siirtää informaatiota värähtelykenttien ja ihmisen välisen yhteyden avulla.

Ehkä paras tapa ymmärtää tätä keinotekoista maailmankaikkeutta on lähestyä sitä ajatuskokeen avulla. Kuvitellaan, että maailmankaikkeutemme on kupla. Kuplan loi

ryhmä olentoja, jotka toimivat petollisesti kanssaolento-
jaan kohtaan, joilla ei ollut mitään kokemusta tuollaisesta
pahasta erillisyyden visiosta eivätkä siten pystyneet ku-
vittelemaan tapaa puolustautua sitä vastaan. Kuplan si-
sällä oleva maailmankaikkeus näytti täydelliseltä ja alati
laajenevalta. Se oli monella tavalla ihanteellinen elämän
alusta ja kuitenkin vain yksi tuntemiskykyinen elämän
muoto näytti olevan olemassa yhdellä pienellä planeetalla
tämän lähes rajattoman maailmankaikkeuden sisällä.
Kuplan sisällä oli värähteleviä ulottuvuuksia, jotka tultiin
uskonnollisissa piireissä tuntemaan taivaana ja helvettinä
ja toisaalta henkisissä ja yliluonnollisissa piireissä eteeri-
sinä ja astraalitasoina. Nämä tasot olivat olemassa kuplan
sisällä, mutta niitä ei voinut havaita ihmisen liityntäpin-
nan tai viiden aistin perusteella.

Kutsukaamme tätä "ulkoiseksi kuplaksi 1". Kuvitellaan,
että on olemassa toinenkin maailmankaikkeus tai ole-
massa olemisen ulottuvuus. Se on valtava ja kupla 1 on
kokonaan sen sisällä. Elämän voimamme sai alkunsa tä-
män toisen, laajemman kuplan sisällä olevasta ulottuvuu-
desta ennen kuin tuo voima siirrettiin kuplan 1 sisälle.
Kuplassa 2 asustavat olennot pystyvät astumaan kuplan 1
sisälle ja kokemaan sen täydellisesti. Jos ne kuitenkin me-
nevät liian lähelle maapalloksi kutsuttua asuttua planeet-
taa, ja viipyvät siellä liian kauan, ne materialisoituvat eli
tulevat näkyviksi eivätkä pysty enää palaamaan kuplaan
2. Maapallo on kupla 1:n keskittämispiste. Jumalina itse-
ään pitävät olennot luovat lisää vastaavanlaisia kuplia.
Ne viettelevät muita rotuja tuohon samaan petokseen pe-
rustuvan ajatusmallin ansaan ja järjestelevät kuplasta 2

176

tulevia olentoja uusiin kupliin, jotka ovat samanlaisia kuin kupla 1. Nämä olennot suunnittelevat itse asiassa ottavansa haltuunsa kuplan 2 samalla kun ottavat orjiksi niitä samoja kanssaolentoja, joiden kanssa ne olivat kuplassa 2 ja saavat nämä sitten palvomaan itseään kuplan 2 jumalina. Tämän lisäksi on olemassa vielä kupla, joka ympäröi kuplaa 2. Kutsukaamme sitä kuplaksi 3.

On hyvä muistuttaa, että ihmisen liityntäpinta ei ole todellinen. Se vastaa ikään kuin avaruuspukua, jossa on eräänlaista keinoälyä sekä aistihavaintoja vastaanottava järjestelmä. Sisällämme oleva astronautti on ikuinen. Sitä ei voi tappaa, vahingoittaa tai tuhota. Vaikkakin tämä näyttää ihmisen näkökulmasta surkealta, se näyttää monelta muulta tasolta katsottuna elämää sykkivältä. Eräs tavoite on tietenkin saada aikaan kaikissa olennoissa sellainen tietoisuus, joka ei salli tällaisen petoksen enää toistua. Ihmisen tiedostumaton mieli on olemassa samanlaisena, mutta merkittävästi edistyksellisempänä toimintatapana niissä moniulotteisissa olennoissa, jotka pystyvät toimimaan kaikkien kolmen kuplan välillä. Juuri se sallii tasa-arvon ja ykseyden ylläpitämisen aika-paikka -jatkumon valtavan kokoisissa maailmoissa käyttämällä kvanttifysiikan aika-paikka -lainalaisuuksia. Tämän ajatuskokeen avulla voidaan nyt nähdä, että aika-paikka -jatkumossa on enemmän ulottuvuuksia kuin vain yksi maailmankaikkeus, että yksilöitä on olemassa kaikissa kuplissa tekemässä luomisen kokeiluja. Joskus kokeilun aikana he päättävät orjuuttaa toisia erillisyyden ja petoksen rakennelmien avulla. Tämä aiheuttaa ihmistenkin tunnistamia ongelmia, kuten puute, rodun säilyttäminen, päätösten tahattomat seuraukset, itsensä palveleminen totuuden palvelemisen sijasta. Kaikki nämä elementit löytyvät Anjun ja hänen Sirialaisten rikoskumppaniensa käyttäytymisen yhtälöstä. Jossain kohtaa sitten läksyt on opittu. Koko kokeilu jähmettyy siinä määrin, ettei se pysty enää edistymään. Sen jälkeen sen arvo haihtuu nopeasti. Kun näin tapahtuu, muut alkavat puuttua tilanteeseen. Tässä tapauksessa me puutuimme tilanteeseen siten, että ihmiskunta palasi tänne varoittamaan tästä todellisuudesta, sen takia SiivenTekijät tulivat tähän väliin. Mitä tulee siihen, että miksi me puhumme nyt tästä, on yksinkertaista. Marduk ei ole ainoa, joka pystyy ohjelmoimaan.

Tämän päivän maailmassa meillä on olemassa ohjelmoijia, jotka pystyvät tekemään sellaista koodia, joka vie koodin käyttäjän yhdestä kokemuksesta seuraavaan kokemukseen. Se siirtää ne paikasta A paikkaan B. Ohjelmointi on yksi ajan aspekti. Se on suuntaa antava prosessi. Olemmehan tietoisia hakkereista. Niitä on vaikka minkälaisia. Aikaisemmin tänä vuonna eräs 15-vuotias poika murtautui Yhdysvaltain ilmavoimien järjestelmiin. Jopa Microsoft on havainnut mahdottomaksi suojata sen NT-käyttöjärjestelmää (tämä on vuonna 1998). Hakkerin ajattelutapa taas on erillisyyden ilmentymä. Se on polariteetti, eräänlainen täydellinen psyykkinen peli, jossa on mukana ego ja joskus myös ahneus. Useimmiten se muistuttaa siitä, että mikä tahansa jäljelle jäävä linnoitus on haavoittuvainen. Mardukin luoma ohjelmisto on konseptiltaan samanlainen kuin nykyajan ohjelmistotkin ovat, mutta äärettömän paljon monimutkaisempi ja kehittyneempi. Kuten kuka tahansa hakkeri sanoisi, mikä tahansa voidaan hakkeroida oikean teknologian ja taidon avulla. Meitä on jo muutettu. Emme ole enää samalla tavalla kiinni tässä verkossa, joka hallitsee tätä aikaisemmin kuplaksi 1 kuvaamaani hologrammia.

"Aikakapseli" on SiivenTekijöiden projektin sisältö. Sitä kutsutaan "aikakapseliksi", koska se on etukäteen suunniteltu väliintulo ajan siirtämiseksi. Sitä kutsutaan "aikakapseliksi", koska se on informaation jakelujärjestelmä, jonka on suunniteltu auttavan ihmisiä irtautumaan esiohjelmoiduista elämän poluistaan petoksen verkossa, missä he itse asiassa olivat ihmisrobotteja marssimassa elämän polkuaan niin kuin heidät oli ohjelmoitu. Ennen kuin tämä osa asiaan puuttumisesta on paljastettu, SiivenTekijät eivät voi tuoda julki sanojensa todellista merkitystä. Taaskin he verhosivat sanansa tämän maailman sääntöjen mukaisiin, hyväksyttyihin standardeihin, kuten New Age (Uusi Aika), New World Order (Uusi maailmanjärjestys), henkisyys, uskonto, filosofia jne. Tämä antoi heille hyväksyttävän nimettömyyden. Kaiken kaikkiaan se kaikki oli esitetty myyttinä. Myytissähän ei ole mitään, mikä saisi Anjun sensuroimaan tai iskemään takaisin. He kokeilivat kielen selkeyttä ja päättivät asettaa joitain toimintaa synnyttäviä elementtejä muihin muotoihin, kuten taiteeseen, runouteen ja musiikkiin. Toisin sanoen, kun he eivät voineet todeta jotakin avoimesti kostotoimien pelossa, he salasivat sen taiteen sisälle.

Luku 4.

Vallan kolminaisuus jatkaa vallan keskittämistä. Rahajärjestelmä jatkaa matkaansa pois päin kansalta kohti harvojen omistamista. Tämä oli osa alkuperäistä ohjelmointia. Anjun on tarkoitus tulla ja ratkaista maailman ongelmat ja nousta jalustalle. Anju käyttäisi keskittynyttä rahajärjestelmää integroidakseen teknologian biologisiin järjestelmiin siten, että he voisivat olla ikuisesti olla olemassa kuplassa 1 eli maapallolla. Sen takia Anju järkeili, että hän voi olla tämän maailman jumala ikuisesti, mutta sen suunnitelma ei ollutkaan täydellinen sen suhteen, mitä ikuisuus tarkoittaa. Anju aliarvioi kuplan 3 ja siitä eteenpäin menevien olentojen voiman.

Mutta entä Jeesus ja Buddha? SiivenTekijöiden mukaan kummatkin näistä hahmoista tulivat tänne planeetalle kutsuttuina vieraina. Ihmisten selitettiin olevan eksyneitä olentoja. Juuri kirjaimellisesti tällä tavalla meidät on määritelty planeettamme ulkopuolella oleville kysyjille. Kuten aikaisemmin todettiin, maapallolla vierailevat korkeampien ulottuvuuksien olennot materialisoituisivat ja tulisivat näkyviksi maan päällä. Juuri tällä tavalla nämä hahmot tulivat maan päälle. He eivät tulleet tänne syntymäprosessin kautta. He kirjaimellisesti ruumiillistuivat maapallolle kuitenkin siten, että heidän moniulotteinen tietoisuutensa oli koskematon. He eivät halunneet syntyä tähän maailmaan ja asua ihmiskehossa, koska he tiesivät joutuvansa unen ja unohduksen tilaan. Näiden hahmojen oli pakko muuttua suoraan näkyviksi hahmoiksi.

Ongelmaksi muodostui se, että ihmiset pelkäsivät heitä, pysyivät erossa heistä tai toimivat vanhan järjestelmän vartijoina ja halusivat tuhota hahmot tai jotkut odottivat hahmojen pelastavan heidät. Tässä kyti siemen ajatukselle, että maailmankaikkeus sisältää pelastuksen tai pelastajan. Evoluutio määritellään tässä prosessina, jossa ihminen pelastetaan ja kaikki synnit annetaan anteeksi. Synnintekijästä kehittyy opetuslapsi ja opetuslapsesta kehittyy opettaja ja opettajasta kehittyy osa opettajien ja johtajien hierarkiaa. Pelastuksen konsepti merkitsi yksinkertaisesti sitä, että jokin ulkopuolinen voima tai hahmo pelastaisi yksilön hänen synneistään tai tuomittavasta käytöksestään ja yhdistäisi hänet valoon ja Jumalan henkeen. Pelastaja oli välikäsi, joka yhdisti yksilön valaistumisen ja valistuksen valoon.

Pääsääntöisesti ulkopuolelta tulleet hahmot toivat esiin sen, mitä ihmisen sisällä todellisuudessa oli. Tarkoituksena ei ollut näyttää ihmeitä vain vakuuttaakseen ihmisiä, että heitä kannattaisi seurata tai että he loisivat jonkin uskonnon. Esimerkiksi ylösnousemuksesta ei tehty teatterikappaletta vain, jotta voitaisiin painottaa Jeesuksen ainutlaatuista merkitystä Jumalan Poikana. Hän ei ollut sitä. Se kirjoitettiin vasta myöhemmin. Samalla kun Jeesuksen suosio kasvoi, Anju ja Marduk ymmärsivät voivansa hyödyntää Jeesusta ja siten vahvistaa Anjun otetta ihmiskunnan kulttuurista ja asettaa hänet uudelleen rakastavaksi Jumalaksi, suurten hahmojen isäksi, kuten Jeesuksen. Anju yleensä piti tällaisia hahmoja vain kiusankappaleina. Yleensä heidät surmattiin tai teljettiin vankilaan virumaan tai kuolemaan. Heistä kehiteltiin tarinoita, jotka

joko lisäsivät Anjun palvontaa tai sitten niiden arveltiin
olevan peräisin Saatanasta. Hahmoille ei löytynyt mitään
keskitietä. Oikeastaan Jeesus oli ensimmäinen hahmo,
jonka Anju päätti hyväksyä ja sen jälkeen päätti luoda Jee-
suksen ympärille maailmanlaajuisen uskonnon. Kristinus-
koa käytettiin mallina luotaessa kaikkia muita uskontoja,
vaikkei niiden perustana ollutkaan mikään vastaava
hahmo. Maapallon ulkopuolelta tulleet ruumiillistuneet
olennot (hahmot) olivat harvinaisia. Ne halusivat tulla
maan päälle ja kaataa muurin, mutta siihen ne tarvitsivat
riittävän suuren määrän kannattajia voidakseen toteuttaa
sen. Halkeaman luonti muuriin ei ollut riittävä ja mikäli
he tulivat pelkästään näyttämään, minkälainen ikuinen
olento ihmiskuoren sisällä oli, he lisäsivät riskiä siitä, että
heidän ympärilleen muodostettaisiin uskonto, mikä sitten
aikaa myöten tulisi osaksi Anjun holografista, moniker-
roksista petosta, joka roikkui ihmiskunnan päällä kuin
kupoli. SiivenTekijät viittaavat myös uudentyyppiseen
olentoon, jota voisi kutsua "suvereeniksi yksilöksi".
Nämä olivat olentoja ennen "itsenäistä ja yhteenkuulu-
vaa" (IY) olentoa, mutta heihin oli synnytetty kyky astua
vallalla olevan hierarkian ulkopuolelle ja siten tehdessään
heillä oli mahdollisuus tutkia sitä informaatiota, jota vas-
taan muut hyökkäsivät tai jättivät huomiotta. Valitetta-
vasti tuo informaatio, joka vapauttaisi ihmiset, on juuri
sitä samaa informatiota, jota vastaan ohjelmointi kehottaa
hyökkäämään.

Totuuden piilottaminen on saatu aikaan ihmisen liityntä-
pinnan avulla. Tuo liityntäpinta on se, mitä useimmat ih-
miset pitävät itsenään. Se on heidän tietoisuutensa.

Liityntäpinta sulautuu fyysiseen kehoon ja moniulottei-
seen olentoon, joka antaa sille voiman ja elinvoiman. On
vanha sanonta "se minkä kala viimeksi huomaa, on vesi".
Se on osuva ilmaus kuvaamaan meidänkin olosuhtei-
tamme. Ihmiset ovat eläneet tämän ihmiskehon tietoisuu-
den kautta siitä saakka, kun heidät on luotu. Se on ainoa
asia, mitä he ovat ikinä tienneet ja koko petoksen perus-
tana olevan teknologian hienostuneisuuden takia meille
on heitetty harhautuksia harhautusten perään, jotta emme
ikinä, ikinä pohtisi mahdollisuutta, että kaikki olisikin
vain osa harhakuvaa. Siis kaikki. Vaikka näyttää mahdot-
tomalta, että 100 miljardia ihmistä on ollut olemassa eikä
kukaan ole pystynyt katsomaan muurissa olevan hal-
keaman sisään, se on kuitenkin sama kuin jos menisi sy-
välle merenpohjaan, missä bioluminesenssiset kalat elävät
ja selittäisi heille, että on olemassa maailma, jossa on va-
loa ja lämpöä. Ehkä pari niistä uskaltautuisi poistua sy-
vyyksistä, jos tästä maailmasta kerrottaisiin, ja sitten ne
palaisivat takaisin ja kertoisivat kokeneensa tämän ou-
don, kummallisen maailman, mutta muut kalat eivät
ikinä kykenisi kuvittelemaan, että heidän yläpuolellaan
olisi maailma, jossa olisi maata ja ilmaa ja jossa täysin eri-
laiset luontokappaleet kävelisivät kuivalla maalla, hengit-
täisivät ilmaa ja katselisivat tähtiä, jotka ovat miljardien
valovuosien päässä. Ihmiset ovat paljolti samanlaisia kuin
nuo bioluminesenssiset kalat.

Anju oivalsi, että paras tapa saada hänen ihmisistä koos-
tuva luomakuntansa kääntymään hänen suuntaansa, oli
saada hänen valtakuntaansa johtava polku näyttämään
hyveelliseltä ja moraalisesti hyväksyttävältä. Miten saada

se aikaan? Parasta oli saada pahuus ruumiillistumaan paholaisissa, jotka ovat taipuvaisia orjuuttamaan ihmisiä ja estämään heitä kulkemasta hyveellisuuden polkua. Se sai aikaan täydellisen vastakkainasettelun tilanteen, jossa ihmiset etenivät kohti Jumalan valtakuntaa, kun taas paholaiset viettelivät ja kietoivat heitä paulohinsa. Enkelit ja ylösnousseet mestarit toimivat oppaina tiellä valtakuntaan, joka odotti heitä.

Itämaisissa perinteissä käytettiin puolijumalia, mestareiden hierarkioita ja meditaatiota, mutta ne perustuivat samaan vastakkainasetteluun, joka pelkistyi siihen, että valo on hyvä ja pimeys on paha. Luciferin tarina toimii kuten lavaste teatterilavalla. Kun Lucifer on paikalla, näyttämö vaikuttaa vaarallisemmalta. Sen avulla voidaan siirtää syyllisyyttä, voidaan suunnata moraalisesti vanhurskaiden ja Jumalaa pelkäävien ihmisten kokemaa syyllisyyttä ja vastuuta toisaalle. Voidaan tehdä johtopäätös, että vihollisemme ovat paholaisten orjuuttamia, jotka kutsuvat apuun Luciferia tai Saatanaa. Tämä johtaa konflikteihin ja sitä kautta sotiin. Tämä tuo mieleen kertomuksia syvistä ristiriidoista, joissa sukupolvet toisensa jälkeen elävät esi-isiensä selkkausta läpi. Kaiken tämän keskellä Jumalan merkitys ja tärkeys kasvaa. Kaikki haluavat väittää, että Jumala on heidän puolellaan. Luciferista tuli katalysaattori, joka laajensi Anjun tärkeyttä. Se sai ihmiset tuntevaan riippuvuutta Anjusta, vaikkeivat he ikinä edes nähneet sitä, kuulleet siitä, maistelleet sitä, hymyilleet sille tai koskettaneet sitä. Anju oli maailmankaikkeudessa yhtä kuin tiedostumaton mieli. Asia oli ohjelmoitu toimimaan tällä tavalla ja uskonnon ylläpitämä kulttuuri sai sen tuntumaan entistä todellisemmalta.

Animus oli Anjun visioiman kehityskaaren mukaisesti kehittynyt "Ihminen 3.0", joka tuki hänen ikuista ylivaltaansa ihmiskuntaan nähden. Anjun tavoite oli tehdä ihmiskunnasta synteettinen teknologian avulla. Animus oli eräs ihmisen todennäköinen tulevaisuuden muoto. Juuri tälläkin hetkellä maailmassa toimii organisaatioita, yrityksiä ja tutkimuskeskuksia, joiden näkemykset tukevat tätä samaa tavoitetta.

Jossain vaiheessa on alettava luottamaan omiin tunteisiinsa ja intuitioonsa, muuten kaikki on vain tarkoituksetonta ajatteluharjoitusta. SiivenTekijöiden ensimmäinen julkaisu on verhottu toivon viesti ja tämän planeetan henkisten filosofioiden kytkeminen uudelleen energioiden avulla ja siten erottautuminen mestareista, organisaatioista, hierarkioista ja uskomuksista. Julkaisu antaa ohjeita siihen, että ihmiset keskittyisivät enemmän olemaan henkisen kehityksen aktivisteja ja oikeanlaatuisen käyttäytymisen harjoittajia. Se aktivoi itsenäisen ja yhteenkuuluvan olennon (IY) edeltävää vaihetta, jossa ihmiset kykenevät ymmärtämään ihmiskunnan kehityskaaren laajuutta ja auttaa sitä kääntymään kohti IY:tä. Seuraava tai toinen julkistus aktivoi ihmisportaalin. Vielä ei tiedetä, miten tämä tulee tapahtumaan, mutta sen pitäisi tapahtua suhteellisen pian. Seuraava julkistus pitää sisällään viidennen haastattelun ja mahdollisesti muutakin materiaalia. Viidennen haastattelun julkaiseminen viestittää sitä, että alkupiste on jo tehty. SiivenTekijöiden mukaan tämä tarkoittaa sitä, että Suuri Portaali tulee tapahtumaan maan päällä. Kun alkupiste on ankkuroitu paikalleen, suunnitelma tulee julki. Tiede tulee aikanaan havaitsemaan keinotekoisen todellisuuden.

Tiede ei paljasta halkeamaa tai edes välttämättä auta sen tuhoamisessa, mutta se paljastaa tuon muurin. Ihmiset pelkäävät liian paljon päästääkseen irti kaikesta, mitä ovat oppineet todeksi ja oikeaksi. On vaikea uskoa, että ihmiset pystyvät tuollaiseen radikaaliseen muutokseen. He eivät ehkä pystykään niin kauan kuin tämä vakiintunut tilanne vallitsee. Mutta tuo vakiintunut tilanne on osa muuria, joka tullaan kaatamaan. Tätä ei voida kaataa vain paperilla. Ei voi heilutella taikasauvaa ja teeskennellä, ettei sitä ole olemassakaan. Pelastaja tai jokin maan ulkopuolinen sivilisaatio ei voi armahtaa kaikkia rotujen, uskojen, yhteiskuntaluokkien, maantieteellisten alueiden tai monenlaisten suhteiden välisiä sotia. Kaikilla niillä on seurauksensa, jotka täytyy käsitellä. Tämä mukavan vääristelyn ja vanhan "normaaliuden" vakiintunut tila tullaan poistamaan, koska maan päälle ei voi luoda taivasta vain rojauttamalla jokin uusi todellisuus vakiintuneen tilan päälle. Sehän olisi sama kuin laittaisi pilvenpiirtäjän toisen päälle. Koko homma romahtaisi.

SiivenTekijöiden mukaan on olemassa ohjelmointia käyttävä etenemistapa ja toisaalta "supertietoisuuden" etenemistapa. Viimeksi mainittu liittyy siihen, miten kvanttitodellisuuden osaset risteävät toistensa kanssa ja voivat luoda kaikkien ulottuvuuden läpi väreileviä ketjureaktioita. Näitä ketjureaktioita ohjailevat hyvin korkeilla tietoisuuksien tasoilla asuvien olentojen suunnittelemat tapahtumaketjut. Kuten aiemmin totesimme, jokaisella olennolla on sisällään itsenäinen olento, mutta ne on myös yhdistetty yhteiseen tietoisuuteen, koska itsenäinen olento tulee osaksi kokonaisuutta oikeanlaisen käyttäytymisen kautta. Se irrottautuu ohjelmoinnista joko vastustavan tai itsenäisyyttä lisäävän käyttäytymismallin kautta. "Ihminen 2.0:n" liityntäpinta alkaa kiinnittyä uudelleen yhdistyneen tietoisuuden värähtelytaajuuteen tai tasa-arvoisuuden sointuun, kuten SiivenTekijät ovat sitä kutsuneet. Se levittää värähtelytaajuutta tiedostumattoman mielen tai maailmankaikkeuden energiakentän läpi, jolloin muiden olentojen on helpompi ymmärtää samaa näkökulmaa ja ottaa käyttöön näitä käyttäytymismalleja. Tämä tarkoittaa sitä, että sekä korkeampien ulottuvuuksien tasoilla olevat suunnittelijat että ihmiskunta kokonaisuutena voivat mahdollisesti vauhdittaa tai hidastaa Suuren Portaalin esiin tuloa.

Jokaisella on ajatuksia ja tunteita. Kaikilla on ihmiskeho täällä maan päällä. Me kaikki näyttelemme erilaisia rooleja tällä samalla näyttämöllä, mutta näyttämö sinänsä yhdistää meitä jossain määrin. Kukaan meistä ei pysty katsomaan näyttämön toiselle puolelle ja näkemään kaunista, rauhallista maailmaa, jossa kaikki on harmonista ja kaikilla hyvä tahto. Todellisuus itsessään ei ympäröi meitä. Kysymys on siitä, miten siirrymme lähemmäksi todellisuutta, joka tukee kaikkein sisimmäistä totuuttamme, sitä yhdistynyttä tietoisuuttamme. Kuinka voisimme näytellä ja kirjoittaa näytelmän, joka tukee muuttumistamme itsenäisiksi ja yhteenkuuluviksi olennoiksi, mitä me tosi asiassa olemme? Onko uskonto näyttänyt meille tien? Entä henkinen kasvu? Entä tiede? Entä koulutusjärjestelmämme, julkinen hallintomme? Tämä tarkoittaa sitä, ettei mikään täällä tuo meitä yhteen elämään tasa-arvossa ja ykseydessä. Jos katsomme tämän jälkeen kaikkea, mitä maailmassamme on, tulemme ymmärtämään sen olevan suunniteltu vain yhtä hyvin erityistä tarkoitusta varten ja tuo tarkoitus on erillisyys. Erillisyys näkyy niinkin itsestään selvissä asioissa kuin ihonväri, sukupuoli ja eri kulttuurit, toisaalta aina hienovaraisempiin uskontojen ja henkisyyden välisiin eroavaisuuksiin, mutta suunnittelu on fraktaalista ja se täyttää koko tämän maailman, tämän erillisyydeksi kutsumani kokonaisuuden.

Ironista kyllä, yhtenäisyytemme on erillisyyttä. Jos näemme tai tunnemme tämän erillisyyden, voisimme myös päätellä, että se laajentuu, ei suinkaan siirtymällä kohti yhtenäisyyttä, vaan enemmänkin kohti erilaistumista ja eroamista, aivan kuin rakeinen ihmiskunta muodostaisi samankaltaisten rakeiden kasaumia, jotka ovat olevinaan yhteneviä kasauman sisällä, mutta jotka ilmentävät erillisyyttä kasaumasta ulospäin. Tämän maailman johtajat, tulivatpa he politiikasta, talouselämästä, sotilaallisista organisaatioista, uskonnollisista tai kulttuurin taustoista, tietävät kyllä, miten puhutaan yhtenäisyyden ja ykseyden kieltä, mutta heidän on toimintansa ovat ohjelmoinnin tulosta, mikä usein toimii päinvastaisesti. Kyse ei ole ajatuksista ja kielestä, vaan käyttäytymisestä ja toiminnasta. Ihmiset osaavat irtautua ajatuksistaan, sanoa yhtä ja tehdä toista. He todistelevat huolenpitoa, mutta heidän toimintansa näyttävät ontoilta. Ei ole tarvetta syyttää kaikkia vallitsevia ratkaisuja vääriksi, mutta mikään ei ole toiminut. Uskontojen epäonnistuminen on synnyttänyt nihilistisiä ja pettyneitä pimeyden ja kulttien kokeilevia organisaatioita. Ne ruokkivat toinen toistaan. Vertauskuvallinen eloonjääminen häviää tässä todellisuudessa, jossa kaaos ja kapinahenki leviävät maailman väestön keskuudessa ja tylsyttävät yhteisen mielemme ja sydämemme. Toivoa on. Toivo asettuu yhtenäisyyden ja ykseyden sisällä olevaan tyhjiöön, joka on puolueeton tämän planeetan suhteen. Kukaan ei omista toivoa, tai kontrolloi sitä tai hallinnoi sitä. Ei ole olemassa mitään sovittelua tai välimiesmenettelyä. Toivo on täysin ainutlaatuinen. Mitä tulee tahtotiloihin ja päämääriin, toivosta niiden suhteen ei ole koskaan kuultu tai nähty. Toivo on muurin toisella puolella. Se on meidän toivomme, niin vieraalta ja oudolta kuin se kuulostaakin.

Se, mitä tässä maailmassa on, ei toimi ja se johtuu erillisyydestä. Vaikka viittaisimme mihin tahansa suppealle piirille tarkoitettuun henkiseen kehitykseen liittyvään tietoon, silti kysymys on erillisyydestä. Yli 20 vuoden ajan on tullut esiin tällaisia esoteerisia, henkisen kehityksen kirjoituksia, jotka saisivat useimmat ihmiset pyörtymään ja sanomaan itselleen, että tämä on varmasti kaikkein korkeimmalta tasolta tullutta tietoa tai tämän tiedon täytyy olla totta, koska se on niin yksityiskohtaista. Kukaan ei voisi tietää näin paljon yksityiskohtia, ellei se olisi totta. Kaikkein salaisintakaan tietoa ei ole kirjoittanut ihminen, vaan ihminen on vastaanottanut sen kanavoinnin kautta. Kanavoinnissa puhutaan suurenmoisista henkisistä todellisuuksista, jossa ihmiset ja maan ulkopuoliset olennot ovat yhtä ja toisaalta siitä, kuinka ihmisten syvin psykologinen rakenne on muodostettu monimutkaisen kosmologisen ympäristön avulla, jonka sisällä koko ihmiskunta on. On siis kaikki tuo loistava tieto, paitsi, ettei kukaan mainitse sitä, miksi meistä on tehty orjia, tai kuka sen on tehnyt. Kukaan ei kerro sitä. Jos nämä hurmaavat tietolähteet tietävät ihmiskunnan kohtalosta, mikseivät he kerro siitä? Eikö tämä olisi ensimmäinen perustieto, mikä pitäisi kertoa? Entä se, mitä SiivenTekijät kutsuvat alkupisteeksi? Miksei mikään esoteerinen kirjallisuus ole näyttänyt tätä. Tämä tapahtuu sen takia, että olennot ovat joko hologrammin sisällä eivätkä tunnista sitä itse tai sitten ne ovat osa tätä petosta ja suojelevat sitä paljastumasta ihmiskunnalle. Nuo ikuiset olennot eivät eroa meistä ihmisistä tässä asiassa millään tavalla. Ne ovat eksyneet tämän hologrammin sisälle aivan yhtä paljon kuin mekin olemme. Niille, jotka lukevat tätä haastattelua, ja ovat asiasta huolestuneita, voimme vain sanoa: "Hyvä. Sinun pitääkin olla huolissaan." Tämä on havahduttava asia kosmisella, yksilöllisellä ja maailmankaikkeuden tasoilla. Voimme kylpeä henkisen kasvun loistossa ja sammuttaa janomme mestareiden esittelyjen kautta tai voimme syventää ymmärrystämme kohtaamastamme todellisuudesta ja nousta sitoutumaan ja käyttämään omaa ilmaisukykyämme totuuden palvelemiseksi. Voimme kulkea elämäämme ilmaisemalla vastustavaa ja yhteen liittävää käyttäytymistä, olla suvereeni itse, yhteenkuuluva olento. Ei ole tarpeen paasata korkealentoisista henkisen kasvun konsepteista, ajatuksista ja sanoista. Tämä on vain tietoisuusjärjestelmän refleksi, jota se hokee kuin robotti.

Meidän on elettävä yhdistyneessä tietoisuudessa käyttäytymisemme kautta. Mieli on jätettävä taaksemme, sitä on vavisuteltava. Mieli on ohjelmoitu vertailemaan ja analysoimaan, mikä puolestaan ruokkiin sinun erillisyyttäsi minusta.

Tämän maailman lapset ovat alttiita vaikutteille. He siirtyvät pois vanhempiensa ja isovanhempiensa alitajunnan implanteista kohti oman persoonallisuutensa luomista. He haluavat olla erilaisia, he haluavat ilmaista itseään ainutlaatuisella tavalla, mikä altistaa heidät erilaisille vaikutuksille. Mistä nämä vaikutukset tulevat? Yhä enemmän vaikutuksia syntyy teknologian käytön kautta sekä musiikki-, viihde-, peli- ja kirjallisuuskulttuurien avulla. Anunnakit tuovat nämä välineet nuorison käyttöön, jotta ominaisuudet voidaan sulauttaa yhteen nuorison ainutlaatuisen persoonallisuuskerroksen ja heidän geneettisen tietoisuuskerroksensa, siis alitajunnan, kanssa. Nämä lumoukselliset mallit, kuten SiivenTekijät niitä kutsuvat, kuljettavat voimakasta eliksiiriä, joka edistää itsekkyyttä ja pakkomielteistä itseensä keskittymistä. Narsismi on hyväksyttävää. Nihilismistä (millään ei ole merkitystä) tulee ajan filosofia. Tämä on vallitseva tila, joka vain laajenee, koska se on osa Anjun tekemää ohjelmointia. Kun teknologia vapautetaan globaalisti toimiville markkinoille, vaikutuksille altis nuoriso kertoo tämän perustana olevan filosofisen uskomuksen mukaisesti omille tietoisuuden ja personallisuuden kerroksille, ettei tarvitse uskoa mihinkään (nihilismi). Se tapa, jolla tämä katsomus leviää väestön keskuuteen teknologian avulla ja suoraan koodaa nuorisomme personallisuutta, on eräs selkeimmistä esimerkeistä siitä, miten Mardukin ohjelmisto leviää. Sitä paitsi mitä hienostuneemmaksi teknologia muuttuu, sitä paremmin se sulautuu persoonaan. Ja sitä enemmän eri kulttuurien luojat voivat harjoittaa tämän filosofisen järjestelmän soveltamista ihmiskunnan kustannuksella.

Jos emme oikeasti usko maailmaa korkeampiin todellisuuksiin, sitä enemmän olemme taipuvaisia luopumaan omasta itsenäisyydestämme tai yhteenkuuluvuudesta yhteiseen tietoisuuteen. Sanonta " myydä sielunsa paholaiselle" muuttui vain yksinkertaisesti sanonnaksi "alistun Anjun tahtoon ja tahdon antaa oman elämäni hänen omiin tarkoituksiinsa". Yhteisen tietoisuuden hylkääminen pitää sisällään sen lausumattoman tavoitteen, että "Anju antaa minulle jotain uhraukseni vastapainoksi", mutta ainoa asia, mitä siitä saa, on olla järjestelmän orja. Elämme silloin elämäämme ohjelmoinnin sanelemana ja ohjelma puolestaan varmistaa, että olemme järjestelmän sätkynukke riippumatta siitä, olemmeko rikkaita vai köyhiä.

Tämän tiedon hyväksyminen vaatii suuren vastuun ottamista. Tämä tieto on huolestuttavaa, koska jokainen on yksin. Me olemme yksin. Ei ole olemassa mitään pelastajaa tai enkelten armeijaa tai maan ulkopuolisia olentoja, jotka keräisivät yhteen kaikki hyvät ja veisivät heidän taivaalliseen kotiinsa. Tämä vaatii myös työtä. Se edellyttää käyttäytymisen muuttamista. Se on täydellisyyttä. Se on aitoutta. Se on tarkkaavaisuutta. Se on huolenpitoa. Se ei ole mitään juhlaa. Kysymyksessä ei ole mikään kosmeettinen muutos. Kyse on vakavasta matkasta itsensä oivaltamiseen, riippumatta siitä, miltä tuo oivaltaminen näyttää. Tämä on meidän sitoutumistamme perusolettamukseen. Emme voi vain sanoa itsellemme " menen kyllä tätä polkua, mutta vain jos pääsen taivaaseen ja lepäilen paratiisissa muiden kauniiden sielujen ympäröimänä". Tämä ei ole sellainen polku. Ketkä haluavat edellä mainitun esimerkin mukaisen polun, voivat lähteä valitsemansa uskonnon tai kultin mukaan ja saada sieltä tuollaisia runsauden lupauksia. Tämä tieto on niitä varten, jotka ovat kiinnostuneita pääsemään oman itsensä sisälle ja siten tehdessään eivät lepää, eivätkä rentoudu tai juhli, mutta palvelevat totuutta omien käyttäytymistapojensa kautta, kunnes kaikki astuvat lopulta rajan yli siihen ykseyden ja tasa-arvon todellisuuteen, josta olemme lähtöisin.

Yleisesti ottaen SiivenTekijöiden teksteissä ei kovin usein puhuta rakkaudesta. Se saattaa johtua siitä, että sanaan liittyy niin paljon tämän maailman rasitteita. Se on ikään kuin ihmissuhteissa käytetty tunteellinen molemminpuolista riippuvuutta ilmentävä energia, jota käytetään kulttuureissa niin huolettomasti, aivan kuin kaiken kattavana sanontana, kun ihmiset tapaavat toisiaan, ikään kuin "mitä kuuluu?". Rakkaus on yhdistymisen voima. Se on vain sitä ja kuitenkin se on monella tavalla kaikkea. SiivenTekijöiden näkökulmasta katsottuna se on hyvin tärkeä käsite, vaikkakin he käyttävät sitä säästeliäästi. Niitä kuutta sydämen hyvettä, jotka mainittiin aikaisemmin, pidetään eri muotoina, joina rakkaus ilmenee käyttäytymisessä. Tuolta osin rakkautta ilmentävät sellaiset hyveelliset käyttäytymismuodot kuten kiitollisuus, myötätunto, anteeksianto ja nöyryys. Tuolla tavalla sydämen hyveet kokonaisuutena ilmaisevat rakkautta tässä ihmismaailman ulottuvuudessa.

Tiedostumattomana mielenä tunnettu mielen kerrostuma tuottaa tunteita, mutta ne tuntuvat kaikkialla ihmiskehossa. Mielen tiedostumaton osa on moniulotteinen, joten se laajentuu kuplasta 1 kuplaan 2, mikä taas sallii tuntea astraalimaailman tai kuoleman jälkeisen elämän. Kun ilmaisemme mitä tahansa sydämen hyveistä, ne tulevat esiin ykseyden ja tasa-arvon linssien läpi. Siitä juuri ne saavat ilmaisuvoimansa. Sitten otamme tuon kokemuksen ja aivan kirjaimellisesti lähetämme sen pään alueelle, ja kuvittelemme, että tuo kokemus asettuu käpyrauhaseen aivojen keskiosassa. Tällä tavalla postitamme sen kaikille tiedostumattoman mielen kautta.

Voimme mennä historiassa 2500 vuotta taaksepäin, jossa jo Heraklion sanoi, että kaikki asiat ovat yhtä. Se on tärkeä ihmisyyden filosofian käsite ja jossain määrin nykypäivän fysiikkaa. Mitä uskontoihin tulee, usein on niin, että uskonnon perustaja sanoo yhtä ja seurailijat, jotka järjestelevät ja tulkitsevat perustajan puheita ja opetuksia, muuttavat sanomaa, mutta ykseys ja yhdistyminen eivät ole olleet uskonnon tukipilareita. Erityisesti käyttäytymisen näkökulmasta katsottuna SiivenTekijät ovat keskittyneet käyttäytymiseen perustuvaan älyllisyyteen, jota ilmaistaan ykseyden ja tasa-arvon linssien läpi, jolloin olentojen itsenäisyys on juurrutettu sen periaatteeseen. Tämän yksinkertaisen filosofisen näkökulman omaksuminen ei näytä erityisen vaikealta ja rehellisesti sanottuna se ei sitä olekaan, koska ne ovat vain sanoja ja ajatusmalleja, mutta jos sen aidosti omaksuu ja ankkuroi oman uskomusjärjestelmänsä perustaksi, silloin pystyy omaamaan tarvittavan sitoutumisen ilmaistakseen itseään tällaisen käyttäytymisen kautta. Ja juuri tässä useimmilla ihmisille tulee luultavasti ongelmia. "Ihminen 2.0:n" liityntäpinta on täynnä Mardukin ja tiedostumattoman mielen ohjelmointia. Se painaa ihmistä alaspäin tässä suossa samalla tavalla kuin juoksuhiekkaan eksynyt ihminen yrittää epätoivoisesti löytää köyttä tai mitä tahansa kiinteää, jolla vetää itsensä pois sieltä. Tässä tapauksessa köysi edustaa sitä itsenäisen olennon tietoisuuden kehystä, jota pitäisi soveltaa käyttäytymisen kautta, ja sen pitäisi lisäksi olla linjassa ykseyden kehyksen kanssa, mutta käyttäytyminen ei heijasta tätä. Köysi häviää näkyvistä. Kaikkien olentojen yhdentyminen kaikissa ulottuvuuksissa on olemassa. Vasta kun astumme aika-paikka -jatkumon ulkopuolelle, voimme oivaltaa erillisyyden harhakuvan. Tämän ykseyden ja tasaarvon perustotuuden säilyttäminen "Ihminen 2.0:n" avaruuspuvussa ei ole mikään helppo tehtävä. Juuri sen takia pelkät sanat eivät riitä vaan ihmisen täytyy harjoittaa asiaa nyt-hetkessä.

Ymmärtääksemme miksi SiivenTekijät keskittyvät itsenäisen ja yhteenkuuluvan olennon (IY) kehittämisprosessiin, meidän on ensin ymmärrettävä, miksi vallan kolminaisuus keskittyy omaan suunnitelmaansa. Vallan kolminaisuus uskoo, että heidän oma yhden maailman konseptinsa on oikea konsepti. He haluavat yhdistää ihmiskunnan rahajärjestelmän avulla ja siten kontrolloida teknologian käyttöä ja näin yhdistää ihmiskuntaa myös toisella tavalla. Heidän käsityksensä yhdentymisestä tarkoittaa lähinnä ihmisten paimentamista helposti hallittaviin aitauksiin ja valvomista, etteivät he tee vastarintaa. Heidän tapansa yhdistää on omituinen harhakuva. Se on enemmänkin teatteria, jota katsellaan ulkopuolelta eikä yhtään enempää. Heidän viestinsä siitä, että "me olemme täällä yhdessä, antakaa meidän suojella teitä" on yksinkertaisesti vain harhaa ja huijausta. Heidän suunnitelmansa "Ihminen 3.0:sta" sulauttaa itseensä samoja toiminnallisia implantteja, jotka muodostavat "Ihminen 2.0:n", mikä tarkoittaa vain erillisyyttä, kuten jo aikaisemmin totesimme. He ovat täällä valmistellakseen Anjun paluuta, olivatpa he tietoisia siitä tai eivät. Kaikki vallan järjestelmät, mukaan lukien suurimmat uskonnot, ovat täällä valmistelemassa maaperää. Se on heidän iskulauseensa, "valmistaudu".

Luku 5.

Anunnakeilla on yksi vallitseva uskomus ihmiskunnan tilasta. Me olemme heikkoja, koska elämme pelossa ja erillisyydessä. Me emme vastusta tipoittain tulevaa mielipiteenmuokkausta tai hidasta, mutta pitkäjänteistä omien henkilökohtaisten vapauksiemme haihtumista. Anunnakit ja heidän vallan kolminaisuutensa ovat sekä laskelmoivia että kärsivällisiä. Se, mitä he perustivat kaukana menneisyydessämme alkaa tuottaa nyt hedelmää. Ihmiseltä, joka elää täällä rajallisen 70-vuoden pituisen elämän, puuttuu kärsivällisyys. Ihminen on ohjelmoitu olemaan kärsimätön. Kärsimättömyys on vierasta ikuisille olennoille, jotka katselevat satojen tuhansien vuosien pituisia aikajanoja ja voivat ohjelmoida ihmisolentoja näiden aikajanojen sisällä saadakseen juuri sen, mitä haluavat, jos ihmiset vain suostuvat siihen. Jos he eivät nouse vastustamaan. Anunnakit eivät omaksu itsenäisen ja yhteenkuuluvan olennon kehitysprosessia. Heidän mielestään käsitys ykseydestä ja tasa-arvosta on heikkoutta. He uskovat olevansa voitolla tässä shakkipelissä. He odottavat tekevänsä "shakin ja matin". Ihmiskunta antaa periksi. Prinsessa Dianan uhraaminen oli vertauskuva voimaa pursuavan kuningattaren menettämisestä shakkipöydällä. Juuri tuollaisia viestejä he lähettelevät, tuollaisia julkeita ilmoituksia. He tekevät niitä siitä varmuuden tunteesta lähtöisin, jonka ohjelmointiin luottaminen ja kärsivällisyys antaa. Kun puhutaan ohjelmoinnista, se ei tarkoita pelkästään Mardukin suorittamaa ihmiskuoren sisäistä ohjelmointia, vaan myös tiedostumattoman mielen ohjelmointia, joka ilmenee tiedotusvälineiden, kulttuurin, uskonnon, politiikan ja talouden rakenteiden kautta. Näiden voimien yhdistelmä muodostaa oikeasti heidän itsevarmuutensa, koska he pitävät ihmiskunnan nujertumista väistämättömänä.

Ihmisillä, myös niillä, joilla on Anunnakien DNA sisällään, on mahdollisuus oivaltaa todellisen itsensä olemassaolo yksinkertaisen prosessin avulla. Se ei vaadi meditoimista ja rukoilemista koko päivää tai vetäytymistä johonkin luostariin. Itsenäisen ja yhteenkuuluvan olennon kehitysprosessista tulee osa yksilön elämän ilmaisua. Mikäli riittävä määrä ihmisiä omaksuu tämän prosessin tai jotain sen kaltaista, muurissa oleva halkeama tulee laajenemaan. Muurista tulee epävakaa ja erillisyyden maailma koko hauraudessaan tulee murentumaan. Elämän lähde on meidän puolellamme. Se ei ole mikään ritsa, vaan ikuinen voima, joka antaa elinvoimaa jokaiselle maailmankaikkeudessa olevalle asialle. Elämä on sisällämme, ja se on olemassa vain yhdessä ainoassa tilassa; ykseydessä ja tasa-arvossa. Anunnakien ja niiden rikoskumppanien luoma ja hoitama petoksen hologrammi ei ole elämä. Se on esimerkki erillisyydestä. Elämä on totuudenmukaista ja aitoa. Erillisyys synnyttää petoksen, arvottomuuden ja pelon. Jos meistä ihmisistä herää tarpeeksi moni, jos oivallamme, mitä on tekeillä, mitä suunnitelmia lisäorjuutukselle ollaan tekemässä varmistamaan, että jäämme osaksi petoksen hologrammia, silloin elämä siirtyy sisällemme ja pystymme yhdessä nousemaan vastustamaan ja pysäyttämään petoksen etenemisen, mutta se täytyy tehdä oikealla tavalla, rehellisesti, antaen anteeksi ja myötätunnon avulla. Erillisyyden vaihtoehto tulee ilmaista käyttäytymisen ja harjoittamisen kautta. Meidän on luotava uusi käyttäytymismalli yhdessä kollektiivisena yksikkönä. Juuri tuo on Suuren Portaalin määritelmä.

Jos käymme läpi uskontojen, henkisen kasvun, filosofian, psykologian, jopa taiteen materiaaleja, tulemme huomaamaan, että suurin osa tuosta materiaalista on suunniteltu ikään kuin toiminnallisten implanttiemme Omistajan Käsikirjoiksi. Ne tukevat "Ihminen 2.0:n" liityntäpintaa. Materiaalit ohjaavat tapoja ja asenteita siten, että sisällämme olevat implantit aktivoituvat. Mainitsimme aikaisemmin tietoisuuden liityntäpinnan kolme kerrostumaa; tietoisen mielen, alitajunnan ja tiedostumattoman mielen. Pääsääntöisesti käyttäytymistämme ja käsityksiämme ohjaa tiedostumaton mieli. Tiedostumattoman mielen kerrostuma on syvä ja läpitunkeva ja se on maailmankaikkeus. Tällä tavalla Anju käyttää ykseyden käsitettä omaksi hyödykseen. Me olemme yhtä erillisyydessä. Tiedostumaton mieli on yhtä, erillisyys on fraktaalista energiaa. Tämä energia tarttuu kaikkeen petoksen hologrammin sisällä siinä määrin, ettei sitä itseään voi enää tunnistaa. Riippumatta siitä, miten hyvä tarkoitus ihmisellä tai organisaatiolla on ilmaistessaan todenmukaista tietoa, usein tuon tiedon takana väijyy erillisyyden fraktaalinen energia, joka käyttää vertailua ja tuomitsemista ja kaikkia erillisyyden tarjoamia välineitä, jotka tiivistyvät peloksi ja arvottomuudeksi. Ikään kuin Mardukin suorittama sisäinen ohjelmointi ja vallan kolminaisuuden tekemä ulkoinen ohjelmointi kaiuttaa kaikkeen sisältöön yli aikojen ja kulttuurien, niin yleisenä ja hyväksyttynä, ettei sitä enää huomaa. Olemme hyväksyneet erillisyyden, koska se näyttää normaalilta. Sen takia tiedostumattoman mielemme ohjaama käyttäytyminen ja käsityskyky heijastaa erillisyyttä eikä suurin osa meistä edes ole tietoinen siitä.

Ihmisen täytyy ymmärtää, että sitä on ohjelmoitu. Tämä on lähtökohta. Jos emme hyväksy tätä perusolettamusta, miksi sitten valitsisimme muutoksen. Jos päätämme hyväksyä olettamuksen, havainnoimme silloin sisällämme olevaa ohjelmointia, ympäristössämme olevaa ohjelmointia, samoin kuin muuallakin maailmassa ja alamme ymmärtää, kuinka hienovaraista tuo ohjelmointi monella tavalla on. Voidaksemme havainnoida tätä ohjelmointia, täytyy olla neutraali, jotta voi vain tarkkailla sisäisiä tiloja ja vastaanotettuja viestejä, samoin kuin ulkopuolelta tulevia viestejä, kuten televisio, internet, sähköposti, sanomalehdet, aikakausilehdet, kirjeet ja niin edelleen. Ei ole välttämätöntä tietää, miten jokainen yksittäinen ohjelma ilmenee elämässä tai mikä sen salainen merkitys on. Sen sijaan on tärkeää, että ymmärrämme olevamme ohjelmoituja ja sen takia pyrimme löytämään sisäisen ohjauksen lähdettä, innoitusta ja siirtymistä oikeaan suuntaan. Itsenäisen ja yhteenkuuluvan olennon kehitysprosessi keskittyy nimenomaan yksilöön, ohjaten sen omaa elämän lähdettä ilmaisemaan itseään ykseyden ja tasa-arvon kautta. Jos toimimme näin, vapautamme itsemme ohjelmoinnista. Joillekin tämä voi tapahtua nopeasti ja toisilta se voi vaatia tunnollisempaa harjoitusta.

Jos emme näe erillisyyttä omassa tavassamme harjoittaa uskontoa tai muuta vastaavaa, silloin meillä ei ole motivaatiota muuttaa mitään. Tässä on siis kysymys muutosprosessista. Se ei ole millään tavalla itsekästä. Kyse ei ole siitä, että kaivautuisimme kiinni jonkin uskomusjärjestelmän kallioperään, mikä tekisi meistä ylempiarvoisia tai etuoikeutettuja tai viisaita. Tähän ei liity mitään uskomusjärjestelmää, paitsi itsenäisen ja yhteenkuuluvan olennon kehitysprosessi. Ei ole mitään rakennetta, mitään organisaatiota, mitään mestareita, mitään hierarkioita, kukaan ei ole toistaan parempi tai toistaan huonompi. Kyse ei ole tämän maailman organisaatiosta. Se ei voi olla tästä maailmasta, muuten se olisi erillisyyden alainen asia. Ainoa tapa, miten itsenäinen ja yhteenkuuluva olento (IY) tulee esiin, on, että riittävän suuri määrä ihmisiä toimii tämän prosessin esimerkkinä, ankkuroi tämän uuden tietoisen käyttäymismallin tälle planeetalle ja jakaa sitä muille käyttäytymisensä ja tiedostumattoman mielensä kautta. Tämä on ainoa tapa eivätkä kaikki ole valmiita tekemään sitä.

Vaatii suurta valppautta elää ja ilmaista tässä ja nyt. Ihmisillä on taipumus elää joka menneisyyden muistoissa tai tulevaisuuden huolenaiheissa. Se vie meidät pois nyt-hetkestä ja juuri nyt-hetkessä elämän lähteemme ilmenee. Se ei ole menneisyydessä eikä tulevaisuudessa. Vain tietoisuuden kehys kääntyy edestakaisin menneisyyden ja tulevaisuuden välillä. Jos siis löydämme itsemme jommasta kummasta paikasta, tiedämme, ettemme ole elämämme lähteessä. SiivenTekijöiden filosofian mukaan hengitys muodostaa magneetin, joka vie nyt-hetkeen. Se on elementti, joka tuo ihmisen nyt-hetkeen saamalla ihmisen tietoiseksi olemisestaan. On olemassa erilaisia hengitys- muotoja, joiden avulla tämä tunne nyt-hetkestä tunkeu- tuu vahvemmin petoksen hologrammin sisälle. Asian ydin on siinä, että pelkästään olemalla tietoinen omasta hengityksestään helpottaa keskittämään itsensä hiljaisuu- teen, kuten SiivenTekijät asian ilmaisivat. Tämä ei tieten- kään tarkoita, että täytyy olla hiljaisessa huoneessa. Voimme olla vaikka kokouksessa ja silti keskittää it- semme hiljaisuuteen hengityksemme avulla. Elämän lähde on aidosti ykseydessä ja tasa-arvossa ja toimii yk- sinomaan nyt-hetkessä. Tietoisuuden kehys kääntyy edes- takaisin menneisyyden, nykyisyyden ja tulevaisuuden vä- lillä ja toimii näin ollen erillisyydestä käsin. Jos ilmaiset sydämen hyveitä tietoisuuden kehyksen kautta, varsinkin ulospäin, niillä ei ole samaa väkevyyttä tai tehoa.

Kyse on prosessista, joka koskee sekä yksilöä että ihmis- kuntaa kokonaisuutena. Me teemme työtä yhdessä, me vastustamme erillisyyttä edistävää käyttäytymistä ja li- säämme ykseyttä ja tasa-arvoa edistävää käyttäytymistä. Irtaannumme ajatuksista, ideoista, uskomuksista, periaat- teista, ihmisistä, organisaatioista, valuutoista, ruoasta, vaatetuksesta, muodista, valinnoista ja kaikesta hierar- kian sisällä olevasta, jonka juuria ravitaan erillisyyden avulla. Se täytyy tehdä ja meidän on tehtävä se itse. Kysy- mys kuuluu, jos se pitää tehdä, milloin ihmiskunta haluaa sen tehdä. Juuri nyt, sadan vuoden päästä, tuhannen vuo- den päästä, kymmenen tuhannen vuoden päästä. Siiven- Tekijät ovat oikeassa kirjoittaessaan, että jos odotamme kunnes "Ihminen 3.0", jossa ihminen ja kone yhdistyvät,

202

on toteutunut, irtaantuminen tulee olemaan paljon vaikeampaa. Elämän orjuuttaminen pitää lopettaa kaikilta tasoilta.

Palataanpa tuohon ajatuskokeeseemme noista kuplista. Kuten sanoimme, on olemassa esitys Jumalasta, joka on Anju. Tätä Jumalaa muslimit, juutalaiset ja kristityt kaikki kunnioittavat ja palvovat. Tämä on Jumala, joka haluaa palata maan päälle ja ottaa selkeän ylivallan ihmiskunnasta voidakseen ohjata ihmiskuntaa kohti "Ihminen 3.0:n" transhumanismin olemassaolon muotoa, joka ulottuisi ikuisuuteen asti. Kuten sanoimme, kaikkien olentojen sisällä on elämän lähde, Anunnakit mukaanlukien, ja tämä elämän lähde on ikuinen. Jos ymmärrämme, mitä ikuisuus tarkoittaa, sitten ymmärrämme myös, että se on aika-paikka -jatkumon ulkopuolella. Jos olento on aika-paikka -jatkumon ulkopuolella, sitä ei silloin voi määritellä vastakkainasettelun mukaisesti, kuten syntymä-kuolema, luominen-tuhoaminen, hyvä-paha ja niin edelleen. Mitkään meidän sanastomme tai käsityksemme eivät riitä kuvaamaan sitä. Kun SiivenTekijät päättivät, että on aika antaa tämä tieto saataville maan päällä, se tarjoiltiin tekstin muodossa, jotta se voisi muodostaa sillan eri ulottuvuuksien välille. Toisin sanoen se hidastettiin meidän kieliemme käsitteiden muotoihin.

Joka puolella tiedotusvälineissä, julkishallinnossa, armeijassa, tieteessä, koulutuksessa, uskonnossa, kaikkialla on ihmisiä, jotka sensuroivat ja kontrolloivat tietoa. Hierarkialla on käytössään kokonainen sensuroijien armeija. Suuri osa heistä ei tiedä, kenen lukuun he toimivat. He valvovat vain sitä, mitä heidät on palkattu valvomaan. Kyse on vain työpaikasta, mutta teknologia-alustat ovat pääsääntöisesti olemassa vain sensuuria varten. Tiedustelutiedon kerääminen antaa NSA:lle (Yhdysvaltain turvallisuusvirasto) kyvyn sensuuriin ja informaation kontrollointiin. Heidän tehtävänään on harjoittaa kontrollia ja manipuloida informaatiota. Valtiollista tarkkailujärjestelmää ei levitetä suojellakseen kansaa. Se on kansojen hallitsemista varten, jotta heidät voidaan Anjun näkökulmasta katsottuna pitää vankilassa ja toisaalta eliitin näkökulmasta voidaan pitää hallittavissa.

Tätä SiivenTekijöiden antamaa tietoa on julkaistava erilaisissa osissa. Mikäli se julkaistaisiin yhtenä kokonaisuutena, sitä tultaisiin muuttamaan. Nyt se on täydellinen tietokokonaisuus. Kun se päästettäisiin ulos tuossa muodossa, jotkut väittäisivät, että heidän versionsa olisi alkuperäinen ja toiset vastaavasti väittäisivät samaa, vaikka versiot voisivat joiltain osin olla yhtä erilaisia kuin musta ja valkoinen. Se aiheuttaa vain sekaannusta ja kun sekaannus on saatu aikaan, on mahdotonta saada siihen mitään selvyyttä. Tiedustelupiireissä tätä kutsutaan mustamaalaamiseksi. Ajatellaanpa asiaa näin: sinulla on kokoelma tietoa, joka on kohdistettu tietyille ihmisille ympäri maailmaa. Sinun on varmistettava, että tieto on niin puhdasta kuin se voi olla, mutta silti sen on läpäistävä sensuuri. Joten koodaat sen ja julkaiset sen vaiheittain. Ensimmäisessä vaiheessa tieto julkaistaan todellisena tapahtumana, jotta voidaan kokeilla, miten siihen reagoidaan. Seuraavassa vaiheessa se julkaistaan erilaisella sisällöllä ja muutettuna siten, että korostetaan sen mytologista luonnetta.

204

Tällä rauhoitellaan sensuroijia. Kolmannessa vaiheessa siihen liitetään harjoitteita ja käyttäytymistapoja, mutta ilman täyttä asiayhteyttä. Neljännessä vaiheessa saadaan todennäköisesti aikaan ihmisportaali. Viiden vaihe on luultavasti tämä haastattelu ja sen jälkeiset vaiheet riippuvat siitä, miten tämä haastattelu on otettu vastaan. Jokaista julkaisua tarkastelee siis sekä hierarkia että Siiven-Tekijät.

Kaiken tämän jälkeen, joku voisi perustellusti kysyä, onko Jumala olemassa? On olemassa monta jumalaa. Jotkut olennot esiintyvät jumalina ja jotkut manipuloivat toisia siinä määrin, että heitä aletaan pitää jumalina ja sitten on vielä kollektiivisia älykkäitä olentojoukkoja, jotka pystyvät liikkumaan erilaisten ulottuvuuksien välillä ja matkimaan jumalille tyypillisiä kaikkialla olemisen ja kaikkivoipaisuuden ominaisuuksia, mutta ne eivät ole jumalia siinä mielessä kuin Alkulähde on. On olemassa myös joitain olentoja, jotka esiintyvät Jumalana kanavoinnin kautta. SiivenTekijöiden näkemyksen mukaan maailmankaikkeuden kaikkein vanhimmat sivilisaatiot uskoivat Alkulähteeseen, mutta SiivenTekijöiden filosofian mukainen Ensimmäinen Alkulähde on niin perustavanlaatuinen, että se on kaiken elämän kaikissa muodoissa oleva fraktaalinen elämän lähde. Se on elämän kvanttizykootti sen kaikkein perimmäisellä tasolla. Se on kaiken meidän tietämyksemme ulkopuolella. Se voidaan kokea sen äänen avulla, joka saa esiin tasa-arvoisuuden soinnin, kuten SiivenTekijöiden filosofiassa puhutaan. Se ymmärretään mielen läpi, mikä tekee siitä vaikean kuvata tai ilmaista. Tämä on kaikkeen sellaiseen liittyvä ongelma, joka on juuri ja juuri havaittavissa. Kuinka voit siis ilmaista sitä siinä muodossa, että ihminen voisi oikeasti kiinnittää siihen huomiota.

Haluamme sanoa sen, että oikea suhde muodostetaan Alkulähteeseen, ei Jumalaan. Alkulähde on kaikki olemassa oleva elämä. Jumala käsitetään enemmänkin vanhempana ja uskonnollisissa piireissä isähahmona, joka on ihmismäinen jopa siinä määrin, että voimme rukoilla Jumalaa antamaan meille asioita, auttamaan meitä poistamaan esteitä ja tuhoamaan vihollisemme jne. Alkulähde kuuluu samaan yhteyteen kuin ykseys ja tasa-arvo, kun taas Jumala kuuluu joukkoon erillisyyden ja pelon kanssa. Ensimmäinen Alkulähde on kaiken elämän Luoja, kaiken olemassaolon esiin tuoma todellisuus. Alkulähde ympäröi yksittäisiä elämiä olemassaolon sisällä ikuisen elämänkipinän avulla, joka yhdistää kaiken elämän toisiinsa tasa-arvoisina ykseydessä. Se on todellakin noin yksinkertaista. Aivan kuten useissa uskonnollisissa kirjoituksissa on sanottu, Jumala loi ihmisen omaksi peilikuvakseen ja vastaavaksi, ja edellyttäen, että pidämme Anjua Jumalana, silloin se on sen suhteellisen oikeaan osunut toteama. Alkulähde on kuitenkin luonut ikuisen elämän kipinän, joka antaa voimaa ihmiselle sen muodossaan, joten itsenäinen ja yhteenkuuluva olento on Alkulähteen luomistyötä eikä Anjulla ole sen kanssa mitään tekemistä. Hän yksinkertaisesti keksi tavan tehdä tuosta olennosta orjan. Jumalan käsitettä käyttävät eri uskonnot vapauttaakseen meidät ihmiset vastuusta. Tämä seikka antaa meille luvan ajatella "en ole vastuussa köyhyydestä tai sodasta tai lasten hyväksikäytöstä. On olemassa Jumala, joka on paljon korkeampi kuin me olemme. Jumala loi tämän maailman. Hän johtaa sitä. Jos hän sallii sodan ja köyhyyden, kuka minä olen kantamaan siitä vastuuta. Väärintekijät maksavat teoistaan helvetissä ja kiusatut tulevat hallitsemaan taivasta". Joten Jumala tai Jumalan käsite vapauttaa meidät omasta vastuustamme. Toisaalta Alkulähde ei toimi tällä tavalla, koska me kaikki olemme kiinni ykseydessä ja mitä tapahtuu yhdelle, tapahtuu kaikille. Sen takia me itse olemme vastuussa siitä, että sallimme erillisyyden hallita omaa käyttäytymistämme. On tärkeää tunnistaa eroavaisuus Alkulähteen käsitteen ja toisaalta Jumalan käsitteen välillä. Erityisesti täällä petoksen hologrammin sisäpuolella.

Luku 6.

On olemassa monia, jotka ovat vastustaneet tätä orjuutusta. Läpi historian on tullut esiin ihmisiä, jota ovat monin eri tavoin oivaltaneet, miten asiat ovat ja ovat sitten varoitelleet ihmisiä tästä petoksesta. He saattavat kutsua sitä salaliitoksi ymmärtämättä kuitenkaan petoksen syvyyttä tai sen takana olevaa suunnitelmaa, mutta tiesivätpä he siitä millä tavalla tahansa ja millä tasolla tahansa, he kuitenkin kokevat pelkoa. Pelko on sitä, että me olemme voimattomia estämään orjuuttajia. Eliitin johto on suunnitellut tätä yli 11 000 vuotta. Juoni oli masinoitu jo ennen kuin "Ihminen 2.0" oli olemassa. Nämä ovat voimakkaita moniulotteisia olentoja, jotka tuntevat ihmiskunnan läpikotaisesti, koska he ovat kirjaimellisesti luoneet ihmisen ja pystyvät ohjelmoimaan ihmisen käyttäytymistä yksityiskohtaisesti, jopa aina ihmisen jokapäiväiseen valintojen tekemiseen saakka. Miten sellainen vastustaja ylipäätään voidaan voittaa? Heillä on rahat ja poliitikot taskussaan. Heillä on puolustuskyky ja kaikki suojelu. Heillä on joka puolella maailmaa hyvin vaikutusvaltaisia suhteita, heillä on kaikkein mahtavin valvontateknologia ja aseistus. Kaikkein sisimpään piiriin on mahdoton tunkeutua. Me voimme olla täysin heränneitä ja tietoisia siitä, mitä tapahtuu, mutta tietoisuus sinänsä ei saa aikaan voimasuhteiden muutosta shakkipöydällä. He pilkkaavat meitä ja saavat meidät protestoimaan, heiluttamaan kaiken maailman kylttejä, julkaisemaan verkkopalveluja, heristämään nyrkkiä taivasta kohti, tutkimaan milloin mitäkin. Se ei muuta mitään. He kertovat meille päin naamaa, että heidän voimansa on ehtymätön. Tällä tavoin he haluavat saada meidät uskomaan, että kaikki on turhaa ja kohta tuleva loppunäytös on väistämätöntä. He haluavat saada meidät tuntemaan itsemme voimattomiksi. He varmistavat, että maapallon väestö on valmiina Anjun paluuta varten. Se on heidän ohjelmansa, ja vaikka vain eliitin johto ymmärtää täysin asianlaidan, on se kuitenkin tarpeeksi pitämään hierarkian alempien tasojen toimijat uskollisina. Ei tarvitse muuta, kuin katsoa "60 Minutes"-ohjelma, jossa haastatellaan Madeleine Albrightia, ymmärtääkseen, miten meidät on ohjelmoitu ajattelemaan.

Kuten jo aikaisemmin totesimme, SiivenTekijät ovat ihmisiä, jotka ovat matkustaneet tulevaisuudesta tänne maan päälle kertoakseen meille tästä itsenäisen ja yhteenkuuluvuuden tietoisuuden kehyksestä. Tämä saattaa kuulostaa Davidin ja Goljatin taistelun siirtymisestä scifi-aikaan. Tarkoitus on vain selittää se, mitä tiedämme niin suoraan ja rehellisesti kun vain osaamme. Jos joku lukee tätä haastattelua joskus tulevaisuudessa, olettaen, että tämä joskus julkaistaan, hän voi sitten päättää, kestääkö se hänen tarkastelunsa. Sen verran haluaisimme kuitenkin varoittaa, että mahdollinen asian mitätöinti saattaa olla osa ohjelmoinnin määrittämää reagointia. Jokaisen oma ohjelmoitu tietoisuuden kehys tuntee ja reagoi. Tämä on hyvä ottaa huomioon, ennen kuin lopullisesti päättää, että koko asia on vain fiktiota.

Anunnakit eivät ole hulluja. He ovat petollisia, älykkäitä olentoja, jotka ovat kadottaneet kaiken yhteytensä oikeaan omaan itseensä. Monella tapaa juuri he ovat eksyksissä ja koska he ovat eksyneet, he ovat johdattaneet viattomat keskelle heidän tottelevaisuuden usvaansa. Me olemme seuranneet heitä. Se on meidän vastuullamme. Tämä materiaali tässä on sen takia, että heräisimme. Mutta on yksi asia herätä ja kokonaan toinen juttu, mitä tehdä sen asian kanssa. Aikaisemmin mainittiin vallanku-mous. SiivenTekijöiden mukaan se olisi elämän tuhlausta. He eivät aio luopua siitä, mitä ovat työstäneet niin lujasti ja niin kauan saadakseen sen tuottamaan. Asia muuttuu vasta kun muuri on kaadettu. Tuo muuri on "Ihminen 2.0:n" tietoisuuden kehys, joka on ohjelmoitu jokaiselle ihmiselle. Muuri on kaadettava eikä se tapahdu protestoi-malla, hyökkäämällä barrikaadeille tai heiluttamalla nyrk-kiä heidän kasvojensa edessä. Se on tehtävä yksilöllisen oivalluksen kautta ja ohjelmoinnin takia meidän on nou-datettava tiettyä prosessia ilmaistaksemme itsemme oman elämän lähteemme kautta. Jos jäämme erillisyyteen, emme voi ratkaista erillisyyden ongelmaa. Jos jäämme pe-tokseen, emme pysty saamaan selville mitään omasta oi-keasta itsestämme. Joten meidän on nähtävä, että kaikki ovat yhtä ja tasa-arvoisia tämän petoksen hologrammin sisällä, mikä sisältää niin eliitin johtohenkilöt kuin köyhät ja nälkäisetkin.

Koko tilanteen sydämessä on, niin vaikeaa kuin sitä onkin uskoa, se tosiasia, että me olemme ikuisia olentoja. Kaikki, mikä on tässä aika-paikka -jatkumossa kuuluu tuohon pe-toksen hologrammiin. Kaikki. Kumman todellisuuden us-komme olevan voimakkaampi ja kestävämpi?

On varmaan reilua sanoa, että jokin osuus kanavoidusta informaatiosta, jonka tuottivat tavallista ihmistä huomattavasti paremmin vallitsevasta tilanteesta perillä olevat olennot, pystyi ällistyttämään ihmisiä ylivertaisella kosmologisella tiedolla suhteesta Jumalaan, mutta heidän kuvauksensa ja selityksensä perustuivat kuitenkin viime kädessä vain petoksen hologrammiin. Nämä mestarit kanavoivat oletettavasti salaista tai piilotettua tietoa valituille oppilailleen, jotka puolestaan sitten kirjoittivat siitä kirjoja ja loivat organisaatioita, mutta tieto jatkoi kuitenkin maailman jakautumista valon ja pimeyden välillä, hyvän ja pahan välillä ja niiden välillä, jotka tiesivät ja jotka eivät tienneet. He käyttivät sanoja kuten rakkaus, ylösnousemus, totuus ja Jumala paljon vapaammin kuin järjestäytyneet uskonnot ja Jumala esittäytyi aina rakastavana, yhdistävänä voimana. Myös enkelit ja kosmiset olennot yhdistettiin näihin organisaatioihin. He eivät pelkästään soveltaneet symboleja ja käsitteitä, kuten sielu ja ikuinen elämä, vaan loivat lisäksi tietoisuuden portaat, jotka jatkuivat ikuisuuteen asti, jolloin oppilaat yrittivät oppia ikuisesti lisää päästäkseen portaissa ylöspäin, toinen toistaan korkeammalle tasolle. Tämä oli "suuren valkoisen veljeskunnan" keskeinen erillisyyttä edistävä konsepti ja itse asiassa kaikki salaiset yhteisöt luovat tätä kahtiajakoa rituaalien keinoin sekä lupaamalla lisää valtaa ja tietoisuutta. Oppilas vain kulkee polkua. He eivät puhu siitä, miten erillisyyden ohjelmointi puretaan. Sen sijaa he vahvistavat sitä.

Kaikki haluavat tietää absoluuttisen totuuden. He haluavat jonkun osoittavan tuota lausumaa tai tätä sääntöä tai

211

tuota opinkappaletta ja selittää, että tämä on totuus, usko se. Tämä on ollut pelin henki tällä planeetalla siitä lähtien, kun ihmiset alkoivat pohdiskella maailmankaikkeuttaan filosofiseen tapaan. Kaikki tämä totuus on ajanut meidät tilanteeseen, jossa tapamme lapsia rankaistaksemme johtajia, missä johtajat lukitsevat ihmisiä kuolemanselleihin, missä uskonnolliset johtajat käyttävät lapsia hyväkseen. Joten voisimme kysyä, minkä arvoista on tämä informaatio, joka on kollektiivisesti tuonut ihmiskunnan tähän tilanteeseen. Kaikki haluavat suuntaviittoja, jotka osoittavat kohti totuutta. Kukaan ei voi tehdä sitä ja voimme todistaa, että kukaan ei ole sitä tehnyt.

Koska me olemme suvereeneja ja meidän on ilmaistava itseämme tällä tavalla eikä antaa toisten päättää, mitä pitäisi tai ei pitäisi uskoa tai mikä on totuus tai mikä on valhetta. Kunpa emme eläisi tässä petoksen hologrammissa, mutta se on nyt ihmisten todellisuutta eikä siitä vikiseminen muuta asiaa himpun vertaa. Eikä oletetun Mestareiden Totuuden lukeminen muuta sekään mitään. Voimme näyttää kirjastollisen verran kirjoja, jotka selittävät esoteerista tietoa. Jotkut näistä kirjoista on kirjoitettu tietokirjoina, ja ulkonäöltään ne näyttävätkin uskottavilta ja oivaltavilta ja kuitenkin, jos kuuntelisi tarkasti niiden sanomaa, voidaan nähdä, että nekin erottavat meitä toisistamme. Kuinka he määrittelevät hierarkiarakenteen, kuinka he määrittelevät ainaisesti oppivan sielun, ihmisen, joka tekee aina syntiä ja on heikko, kuinka he kuvailevat maailmankaikkeuden, jossa on äärettömästi kerroksia. Kuinka valo valaisee niitä, jotka noudattavat tiettyjä rituaaleja. Se voi olla hyvinkin hienovaraista. He voivat

212

puhua ykseydestä, mutta sanoihin liittyy arvostelua tai syyttelyä, toisin sanoen, jos ei suorita tiettyä harjoitetta asianmukaisesti tai toisaalta vaatimuksia, ettei sitä voi tehdä minkään muun harjoitteen yhteydessä, jolloin sen vaikutus vähenee, tai että pitää liittyä johonkin tai edistää jotakin käsitystä enemmän kuin jotain toista.

Osa itsenäisen ja yhteenkuuluvan olennon syntyprosessia kannustaa meitä harjoittamaan erottelukykyämme siten, että osaamme erottaa, mikä auttaa meitä uskomaan itseemme, eikä maailmankaikkeuteen, tai johonkin opettamisen mestariin, että riisumme itsemme paljaaksi kaikista meihin lisätyistä asioista, uskomuksista, ajatusmalleista, peloista, syyllisyydestä, tarinoista, tuomitsemisesta, syytöksistä, teeskentelystä, kaikesta, mikä pitää meidät kiinni menneisyydessä. Jos pystyisimme jättämään tuon kaiken, kaiken, mitä meille on opetettu ja kerrottu ja ohjelmoitu uskomaan, mitä jäisi jäljelle – hiljaisuus. Syvä, kirkas hiljaisuus. Se olet sinä. Kun ymmärrät, että se olet sinä, silloin ymmärrät, että kaikki muutkin ovat sitä samaa. Jopa Anju, Lucifer ja Jeesus. Naapurisi, puolisosi. Kaikki. Joten mitä todisteita tarvitsemme ymmärtääksemme tämän? Mitä todisteita voimme näyttää tai kertoa, jotta voisimme saada kaiken tuon. Voimme kuvailla prosessin, ja jos sitä noudatetaan, saattaa löytää tämän kokemuksen sisältään, mutta siinä kaikki. Prosessi on vapaasti saatavissa. Se vaatii vain aikaa. Kukaan ei omista tuota prosessia. Prosessi ei ole osa mitään muuta kuin osa sinua. Kun prosessin alku on edessäsi, on sinun päätöksesi noudattaa sitä tai jättää se tekemättä. Kaikkien täällä maan päällä on saavutettava tämä ykseyden ja tasa-arvon oivallus. Tämä on meille ihmisrotuna kutsu toimimaan ja mielestämme, jos joku tai jokin kertoo jotain muuta, on eksyksissä. Vielä yksi asia, tuo tarinankerronnan säie saattaa olla täsmälleen se, mikä aktivoi jonkun aloittamaan itsenäisen ja yhteenkuuluvan olennon syntyprosessin ja luulemme, että juuri tuon syyn takia SiivenTekijät tekivät informaationsa. Kaikki heidän työssään viestittää yksilöä kohti itsenäisen ja yhteenkuuluvan olennon syntyprosessia ja Suuren Portaalin oivaltamista.

Juuri tästä syystä jokaisen pitää on olla suvereeni, koska siinä maailmassa, jossa Anju on Jumala, on helppoa olettaa Luciferin olevan todellinen valontuoja, mutta jokainen on eksynyt tässä petoksen hologrammissa. Jos kaikki ovat eksyneet, kuinka kukaan voi johdattaa meidät totuuteen. Kukaan ei voi. Totuus on ikuisen itsesi ilmaisemista ihmisen muodossa täällä maan päällä. Se on mielestämme lähimpänä totuuden määritelmää. Se ei ehkä ole sama yhdelle ihmiselle tai kenelle tahansa, joka lukee tätä tulevaisuudessa, mutta se on meidän määritelmämme totuudesta. Kannattaako Lucifer tätä ajatusta? Ei ole tietoa, että hän kannattaisi. Jos kukaan ei tue tätä totuutta, miksi antaisimme kenellekään periksi yhtään mihinkään suuntaan, senttiäkään.

Kuka Lucifer on? On olemassa tuhansia eri vastauksia tuohon kysymykseen, joista useat on jo annettu. Jos lisätään vielä yksi määritelmä, hän ei ole Anju tai hänen sätkynukkensa vastakohta. Aivan perustasolla hän elää samassa tasa-arvossa ja ykseydessä kuin mekin. Onko hän herännyt? Sitä ei tiedetä. Kaikki ovat kuitenkin heräämässä. Tiedän, että aktivointi tapahtuu nyt todella hitaasti, mutta 70-80 vuoden päästä ihmiset voivat kokea valtavan muutoksen siinä, mitä tässä maailmassa todella tapahtuu. Tätä ei voi enää piilottaa. Se on jo tiedostumattomassa mielen kerrostumassa, josta se jatkaa leviämistään, kunnes muuri kaatuu.

Kyse on yksilön sisäisestä kehittymisen prosessista, mutta yhteenkuuluva näkökulma on kollektiivinen eikä sillä tarkoiteta mitään organisaatiorakennetta. Tämän prosessin täytyy olla kaikkien organisaatioiden ulkopuolella eikä kenenkään yksilön käsissä. Tätä ei ole mahdollista omistaa tai hallita minkään organisaatiorakenteen kautta. Ihmiset voivat luultavasti käyttää internetiä ja sähköpostia tukeakseen toisiaan. Jotkut kaipaavat tällaista tukea, toiset tekevät asiat mieluummin yksin. Suhteessa olemassaoloon, se on juuri sitä. Tässä ei ole kyse ylösnoususta taivaan korkeisiin tasoihin ja hengailua avaruuden täydellisissä valtakunnissa samalla kun toisia ihmisiä orjuutetaan yhä ahtaampiin aitauksiin. Kyse on sydämen hyveiden jakamisesta ja olemassaolon totuudesta sekä omasta käyttäytymisestäsi maan päällä. Kyse on maapallon muuttamisesta paikaksi, jossa ihmiset voivat ilmaista elämän lähdettään ilman Anjun ja Mardukin ohjelmoinnin häirintää ja repiä kappaleiksi ulkoisen ohjelmoinnin, joka on pelosta ja erillisyydestä johdettuja ominaisuuksia, kuten narsismia ja vihaa.

Anju on pelkästään Anunnaki-rodun kuninkaallisen johtajan nimi. Hän on vertauskuvallinen nimi usealle eliitin johtohenkilölle. Anjua voidaan pitää myös ihmisrodun ohjelmoituna olemassaolon muotona. Hän on olemassa jossain muodossa kaikissa meissä. Anju esittäytyy kaikkitietävänä ja kaikkialla läsnä olevana ja tietyllä tavalla tämäkin on totta. Joten on tultava toimeen tämän todellisuuden kanssa. Kaikki, jotka heräävät ja käyvät läpi tätä prosessia tulevat kohtaamaan tämän vastustuksen tavalla tai toisella.

Koko ikuisen olennon käsite on ollut tiedossa jo kauan aikaa. Myös sielun konsepti on ollut tiedossa kauan aikaa. Miten nämä eroavat toisistaan? Sielu on ollut paikalla pitkän aikaa, mutta se on kutistettu kolmeen polkuun: 1) jälleensyntyminen ja karma 2) ole hyvä ja tottelevainen ja liity taivaan joukkoihin ja 3) astu ylös olemassaolon korkeammalle tasolle ja tule lopulta opettajaksi taivaallisessa hierarkiassa. Neljäs polku, vaikkei siinä suoranaisesti ole kysymys sielusta on se, että olemme pelkästään lihaa ja verta eikä meillä ole sielua. Yksilön sielu rakentuu joistakin näistä neljästä polusta. Olettaen, että jos uskoo olevansa sielu, jokainen näistä poluista on petoksen hologrammin sisällä. Ne eivät johda muurin ulkopuolelle eivätkä todellakaan heikennä muuria. Viides polku on oivaltaa itsensä ikuiseksi olennoksi, joka elää ihmisen kehossa täällä maan päällä kytkettynä irti sitä kontrolloivasta "Ihminen 2.0:n" liityntäpinnasta. Elämme pelihuoneessa, jossa on neljä ovea, ja radiokuuluttaja toistaa ohjeita. Valitse joku neljästä ovesta eikä välitä mitään viidennestä ovesta. Tämä uusi alkupiste on tuo viidennen oven vaihtoehto. Siinä on se ero.

14. SANASTO

Käsite tai sana	Selitys kirjan sisällön näkökulmasta
A	
ACIO	Alien Contact Intelligence Organisation, suomeksi Maan ulkopuolisten olentojen seurantaorganisaatio
Aikakapseli	SiivenTekijöiden käyttämä käsite, jonka avulla siirrytään ajassa eri paikkaan
Aika-paikka (-käsite)	Kolmiulotteisessa todellisuudessa vallitseva ominaisuus, joka saa asiat näyttämään tapahtuvan aikajanalla, perätysten
Aivot	Kehon osa, joka vastaa aistien ja joidenkin kehon toimintojen toiminnasta sekä toimii kehoa ohjaavan tietoisuuden tiedonvälityskanavana molempiin suuntiin
Ajatus	Tietoisuuden perustoiminto, joka luo tietoisuuden haluamaa todellisuutta
Akaasinen tieto	Tieto kolmiulotteisen tietoisuuden matkoista (inkarnaatioista) kolmannen ulottuvuuden tietoisuuden tasoilla
Alitajunta	kts. geneettinen mieli
Alkulähde	Kaiken olemassaolon takana oleva voima, joka on Rakkaus. On eri käsite kuin Jumala.
Alkupiste	Kuvaa tietoisuuden syntymisen lähdettä, ihmiskunnalla on oma keinotekoinen alkupiste, joka

217

	johtaa ohjelmoidun tietoisuuden syntyyn
Alkuräjähdys	Nykytieteen mukainen käsitys maapallon syntymekanismista
Anju	Anunnaki-sivilisaation johtaja, joka teki ohjelmoinnin avulla itsestään Jumalan ihmiskunnan tietoisuudessa
Anunnaki	Maapallon ulkopuolinen sivilisaatio, joka on orjuuttanut ihmiskunnan tietoisuutta
Arcturians	Rakkaudellinen korkealta tietoisuuden tasolta tuleva sivilisaatio, joka osallistuu maapallon vapauttamiseen
Astraalimaailma	Kolmannen ja neljännen ulottuvuuden tasoilla oleva todellisuus
Atlantislaiset, Atlantis	Maapallolla asustanut varhaisen vaiheen sivilisaatio ja sen asuinpaikka
B	
C	
D	
DNA	Älykäs solurakenne, joka luo kehon ja sen ominaisuudet
E	
Ego	Kolmiulotteisen tietoisuuden ajatusjärjestelmä, joka hallitsee voimakkaasti tietoisuuden tilaa
Ei-fyysinen keho	Korkeammissa tietoisuuksissa käytettävä tietoisuuden olemus, joka värähtelee korkealla taajuudella ja on läpinäkyvä ja kevyt

Käsite tai sana	Selitys kirjan sisällön näkökulmasta
Energiakeskus	Kehon ei-fyysisellä tasolla oleva polttopiste (chakra), joka ohjaa ja käsittelee eri toimintoihin vaikuttavia energiavirtoja
Ensimmäinen Alkulähde	SiivenTekijöiden käyttämä käsite, jolla tarkoitetaan yhtä ainoaa, oikeaa Alkulähdettä
Esoteerinen	Henkinen, usein pienille kohderyhmille kohdennettu tieto
F	
Fraktaalinen	Sirpaleinen, hajallaan oleva
Fyysinen keho	Kolmiulotteisessa todellisuudessa käytettävä kiinteä kehon ilmenemismuoto, joka värähtelee hyvin matalalla taajuustasolla
G	
Gaia	Maapallo
Geneettinen mieli	Kolmiulotteisen tietoisuuden osa, joka on yhteydessä yksilön geneettiseen perimään
H	
Henkiolento	Yleinen nimitys kolmiulotteisen todellisuuden ulkopuolella elävistä tietoisuuksista, joilla on fyysinen tai ei-fyysinen olemus
Hologrammi	Meidän tuntemamme maailmankaikkeuden rakenne. Hologrammin periaatteena on, että jokaisessa hologrammin osassa on koko hologrammin kokonaisuus
I	

Käsite tai sana	Selitys kirjan sisällön näkökulmasta
Ihminen 1.0	Ihmisen tietoisuuden ensimmäinen ohjelmoitu versio
Ihminen 2.0	Ihmisen tietoisuuden toinen ohjelmoitu versio. Tämä on edelleen käytössä.
Ihminen 3.0 (Animus, transhuman)	Anunnakien kehittelemä versio ihmisen tietoisuuden kolmannesta ohjelmoidusta versiosta, josta käytetään nimitystä Animus ja se vie kohti transhumanismia
Ihminen 3.0 IY	Uuden alkupisteen kautta syntyvä ihmisen uusi tietoisuuden versio, joka perustuu suvereenin ja yhteenkuuluvan tietoisuuden syntymiseen (ohittaa aikaisemmat ohjelmoinnit)
Ihmisvormu	kts. ihmisväline
Ihmisväline	Ihmiskehon ensimmäisestä versiosta käytetty nimitys
Ikuinen olento	Yleinen käsite, joka kuvaa tietoisuuden ikuista tilaa
Illuminati	Maapallolla asustava salaseura, joka toimii yhdessä Anunnakien kanssa
Ilmentymä	Tietoisuuden luoma fyysinen tai ei-fyysinen olemus, jonka avulla tietoisuus toimii valitsemassaan ulottuvuudessa
Implantti	Ihmisen kolmiulotteiseen tietoisuuteen ohjelmoitu toiminto

Käsite tai sana	Selitys kirjan sisällön näkökulmasta
Inkarnaatio	Kolmiulotteisessa todellisuudessa tapahtuva tietoisuuden itselleen suunnittelma matka, joka tehdään fyysisen kehon avulla
Itse	Itsenäinen ja suvereeni tietoisuus
IYV, SIN	IYV = itsenäisten ja yhteenkuuluvien tietoisuuksien verkosto, SIN = sovereign and integrated network of consciousnesses
J	
Jeesus	Kehittynyt henkiolento eli tietoisuus, joka tuli maapallolle kertomaan ihmiskunnan oikeasta tietoisuudesta. Uskontojen perusta.
Jumala	Uskontojen julkaisema käsite, joka kuvaa ylintä ihmiskuntaa hallitsevaa voimaa
K	
Kanava	Kuvaa kolmiulotteisen tietoisuuden käyttämää yhteyttä korkeampiin tietoisuuksiin
Kanavointi	Kuvaa korkeamman tietoisuuden tapaa käyttää ihmisen kolmiulotteista tietoisuutta siten, että korkeampi tietoisuus voi viestittää sanoman alempaan tietoisuuteen käytettäväksi tai siten, se kanavoituu ulos ihmisen puheena ilman ihmisen tietoista ohjausta

Käsite tai sana	Selitys kirjan sisällön näkökulmasta
Keho	Tietoisuuden luoma olemus, jonka avulla tietoisuus kommunikoi ympäristönsä kanssa. Kehossa on useita tasoja, jotka ovat yhteydessä eri ulottuvuuksiin
Kokemus	Tietoisuuden yksittäinen oppimistapahtuma tietyssä tilanteessa tietyssä ulottuvuudessa
Kolmiulotteinen tietoisuus	Maapallolla vallitseva tietoisuuden taso (värähtelytaajuus)
Korkeampi Itse	Kolmiulotteisen tietoisuuden yhteys tietoisuuden ylisieluun. Tietoisuus, joka on kaikkien ihmisen inkarnaatioiden yläpuolella.
Kuolema	Tietoisuuden itselleen suunnitteleman matkan päätepiste, jossa keho jää kolmiulotteiseen maailmaan ja kuolee ja tietoisuus palaa takaisin korkeampaan tietoisuuteen.
L	
Lucifer	Uskonnollinen käsite, joka kuvaa perimmäistä pahuutta
Luominen	Olemassaolon perustoiminto, jossa tietoisuuden ajatteleman ajatuksen perusteella syntyy todellisuutta.
Luomisketju	Kun tietoisuus on luotu, se luo edelleen itse uusia tietoisuuksia, jolloin syntyy luomisen ketju.

Käsite tai sana	Selitys kirjan sisällön näkökulmasta
M	
Maailma	Nimitys, jota käytetään yleensä kolmiulotteisen todellisuuden sisällöstä
Maailmankaikkeus	Olemassaolon kokonaisuudessa oleva ulottuvuus, joka toimii tietyllä värähtelytaajuudella
Maapallo	Paikka, jossa vallitsee kolmiulotteinen tietoisuus ja ulottuvuus
Manifestointi	Tehdä/tulla näkyväksi
Marduk	Merkittävä ihmiskunnan kolmiulotteisen tietoisuuden ohjelmoija
Me Olemme	Kuvaa Yhdistyneessä Tietoisuudessa olevien kaikkien tietoisuuksien perimmäistä olemassaolon tilaa
Minä Olen	Kuvaa yhden tietoisuuden perimmäistä tilaa Yhdistyneessä Tietoisuudessa
N	
O	
Olento	kts. henkiolento
Olemassaolo	Voidaan käsittää Alkulähteen olotilaksi
Ohjelma, ohjelmointi	Kuvaa kolmiulotteisen tietoisuuden sisältämien toiminnallisten osien (implanttien) tekemistä, jotta ne toimisivat ohjelmoijan haluamalla tavalla
P	

Käsite tai sana	Selitys kirjan sisällön näkökulmasta
Painovoima	Maapallon ytimestä käsin vaikuttava voimakas voima, joka antaa kaikelle sen vaikutuspiirissä olevalle kiinteän, fyysisen muodon
Plejadi(t)	Rakkaudellisesta kuudennesta tiheydestä peräisin oleva sivilisaatio, joka alunperin loi maapallon ja ihmisen alkuperäisen tietoisuuden
Päivätajunta	kts. tiedostava mieli
Q	
R	
Rakkaus	Rakkaus on olemassaolon ilmenemismuoto.
S	
Sielu	Kuvaa ihmisen ohjelmoituun tietoisuuteen ohjelmoitua käsitettä ihmisen korkeammasta tietoisuuden tilasta
Sielujen sopimus	Ennen inkarnaatiota tehty korkeampien tietoisuuksien välinen sopimus siitä, miten osapuolet toimivat inkarnaation aikana kolmannessa ulottuvuudessa
SiivenTekijät	Joukko tietoisuuksia, joiden voidaan ajatella kolmiulotteisen todellisuuden näkökulmasta tulevan ihmiskunnan tulevaisuudesta. Ihmiskunnan tietoisuuden kehitys - tekstin tietolähde.
Sirialaiset	kts Anunnaki

Käsite tai sana	Selitys kirjan sisällön näkökulmasta
Sivilisaatio	Tietyn ulottuvuuden todellisuudessa elävä tietoisuusjoukko
Suuri Portaali	Kuvaa tapahtuma(sarjaa), joka johtaa ihmiskunnan tietoisuuden vapautumiseen ohjelmoinnista
Suvereeni	Tietoisuus, jolla on itsemääräämisoikeus
Suvereeni ja itsenäinen olento	Tietoisuus, jonka käsitetään olevan suvereeni ja itsenäinen osa Yhdistynyttä Tietoisuutta. Voi ilmentyä fyysisessä tai ei-fyysisessä muodossa
T	
Telekinesia	Tietoisuus siirtää kiinteää materiaa paikasta toiseen ajatuksen voimalla
Telepatia	Tietoisuus on yhteydessä toiseen tietoisuuteen ajatuksen voimalla
Teleportaatio	Tietoisuus siirtää oman ilmentymänsä ajatuksen voimalla toiseen fyysiseen paikkaan
Tiedostava mieli	Kolmiulotteisen tietoisuuden osa, joka toteuttaa ajatukset
Tiedostumaton mieli	Kolmiulotteisen tietoisuuden osa, joka on yhteydessä ihmiskunnan ohjelmoituun yhteiseen tietoisuuteen
Tietoisuus	Tietoisuus on olemassaolon perusta. Ilman tietoisuutta ei ole mitään.

Käsite tai sana	Selitys kirjan sisällön näkökulmasta
Tietoisuusryhmä	Korkeammilla tietoisuuksien tasoilla (4D>) yksittäiset tietoisuudet muodostavat ryhmiä, joissa toimivat yhdessä käyttäen jokaisen ryhmän jäsenen kokemuksia kuin omaansa
Tiheys	Kuvaa tietoisuuden energian värähtelytaajuutta
Toiminnallinen implantti	Tietoisuuden ohjelmointi siten, että se kykenee toteuttamaan tietyn toiminnon, esim. liikkumisen, ajatusmallin tai käsityskyvyn
Todellisuus	Tietoisuuden itsensä ulkopuolelle heijastama ympäristö tai maailma, joka on samanlainen kuin tietoisuuden sisin
Todennäköisyys	Kuvaa sitä, miten todennäköistä tietoisuuden yhden valinnan toteutuminen on
Totuus	Kuvaa joko Alkulähteeseen liittyvää absoluuttista totuutta tai yhden tietoisuuden totuutta sen omasta näkökulmasta
Transhumanismi	Oppisuunta, jonka tavoitteena on yhdistää ihminen ja teknologia siten, että yksilöitä ja joukkoja voidaan hallita ohjelmallisesti
U	
UFO	Yleinen nimitys korkeampien tietoisuuksien käyttämistä

Käsite tai sana	matkustusvälineistä eri ulottuvuuksissa ja niiden välillä **Selitys kirjan sisällön näkökulmasta**
Ulottuvuus	Kuvaa todellisuuden sijoittumista tiettyyn toimintaympäristöön
Valinta	Tietoisuuden ajatus, joka vie tietoisuutta lähemmäksi Alkulähdettä tai kauemmaksi Alkulähteestä
Valitsija/tarkkailija	Tietoisessa mielessä sijaitseva toiminto, joka valitsee tietoisuuden vaikutuksesta ajatuksen, jonka tiedostava mieli toteuttaa
Värähtelytaajuus	Kaikki on energiaa. Energia värähtelee tietyn nopeuden mukaisesti.
Y	
Yhdistetty Tietoisuus	Kuvaa kaikkien tietoisuuksien muodostamaa kokonaisuutta, joka muodostaa Alkulähteen
Ylisielu	Tietoisuus, joka on luonut joukon alemmilla värähtelytasoilla toimivia tietoisuuksia (ns. emo). Emo on kaikkien sen luomien tietoisuuksien kokemusten ja ymmärryksien summa

CPSIA information can be obtained
at www.ICGtesting.com
Printed in the USA
LVHW050351290520
656811LV00004B/176